On Découvre !

TRANSITION YEAR FRENCH

FREE eBOOK

Kate Cary-O'Regan

Sandrine Levesque

MENTOR BOOKS

43 Furze Road

Sandyford Industrial Estate

Dublin 18

Tel: 01-2952112/3

Fax: 01-2952114

Website: www.mentorbooks.ie

Email: admin@mentorbooks.ie

All rights reserved

Edited by: Linda Richardson

Design & layout: Mary Byrne

ISBN: 978-1-912514-50-2

© Kate Cary-O'Regan and
  Sandrine Levesque 2019

Acknowledgements

The publisher would like to thank the following:

French subject specialist: Darragh Burke. French language specialist: Claudia Dos Santos

Julie Hubermont & Eric Jooris for permission to reproduce 'Papaoutai' by Stromae; Mycompany for permission to reproduce 'Toi + moi' by Grégoire Boissenot; *Le Monde* and Romain Gaspar for permission to reproduce 'Les bistrots à Paris commencent à disparaître'; *Le Figaro; Sud Ouest.*

The publisher has made every effort to trace and acknowledge the holders of copyright for material in this book. In the event of any copyright holder having been omitted, the publishers will come to a suitable arrangement at the first opportunity.

Table des matières

Authors' Intro:
Welcome to *On Découvre !* a Transition Year textbook. *On Découvre !* was created to respond to the demand from teachers for a modern, engaging and practical textbook for Transition Year students. We were inspired to delve into the topic of each chapter and develop the activities in this book. Students are eager to build on the knowledge acquired during Junior Cycle and develop their proficiency in French and knowledge of French culture. With this in mind, we have designed each chapter around a cultural theme. The vocabulary, grammar, oral and aural activities are all based on the theme of the chapter. This gives students the opportunity to immerse themselves in a topic and develop the skills to express their opinion and knowledge in each topic.

As students' interest and confidence in French grows, they will have the opportunity to read authentic texts from French publications such as *Le Monde* and *Le Figaro.* The activities are scaffolded to cater for students from A2 to B2 (CEFR) level. Students are gradually introduced to Senior Cycle-style reading comprehension questions and opinion questions. In addition, there is a debate topic and a *Le Document* section in each chapter.

Each activity is introduced and expanded on in the book so that minimal preparation is required. There are instructions and links to videos and websites throughout the book to allow for maximum exposure to authentic resources.

On Découvre ! is a useful resource for teachers and provides a framework for Transition Year French. We hope using *On Découvre !* will be an enjoyable experience for students and will prepare them for the next step in their discovery of the French language.

Authors' Dedication:
Thank you to our subject specialist Darragh Burke and our editor Linda Richardson.

To my family: my parents, sisters, brother, brothers-in-law, niece and nephew. Thank you for your encouragement and support. To my colleagues in St Mary's Secondary School Baldoyle and friends, Siobhán de Brún and Emily Holligan, thank you for the inspiration and sound advice. Finally to my students, current and past, thank you for your enthusiasm - many of the themes and activities in this book have been inspired by you – *Kate Cary O'Regan.*

To my family: my parents, sister, brother and my nieces. Thank you for your encouragement and support. To my colleagues in Presentation College Bray and in St Vincent's Secondary School, Glasnevin for the inspiration and to my partner Brian for his on-going support. A big thank you to Deirdre Gallagher for all the good advice. Finally to all my students, current and past, thank you for your help in choosing the best activities and material for this new textbook – *Sandrine Levesque.*

1

LA CUISINE

Chapitre 1 La cuisine

In this chapter you will:

- Identify some Francophone countries and food that is typical in each country.
- Describe and present your favourite dish to the class.
- Understand and follow a recipe in French.
- Talk about different types of restaurants and food outlets.
- Discuss the importance of *'le bistrot'* to French society and culture.
- Write a film review.
- Listen to young French people describing what they eat in a regular day and what they eat on special occasions.

La grammaire :	La culture :
Le présent	La gastronomie francophone
L'impératif	Le bistrot

1 Un quiz

(a) Que savez-vous sur la cuisine en France et dans les pays francophones ? Par petits groupes, répondez aux questions du quiz ! Écrivez vos réponses sur une feuille. Vous pouvez utiliser internet pour vous aider.

1. Quel fromage est français ?
   (a) Le gouda
   (b) Le cheddar
   (c) Le comté

2. Quel plat n'est pas français ?
   (a) La fondue au fromage
   (b) Les escargots à l'ail
   (c) La soupe à l'oignon

3. La ratatouille est un plat français à base de ...
   (a) Poisson
   (b) Légumes
   (c) Bœuf

4. Le lapin à la bière est un plat traditionnel de ...
   (a) La Suisse
   (b) La France
   (c) La Belgique

5. Le sirop d'érable est originaire ...
   (a) Du Canada
   (b) De la Louisiane
   (c) De la Guadeloupe

6. Quels sont les trois principaux ingrédients pour faire des crêpes ?
   (a) De la farine, du beurre, de l'eau
   (b) Des fruits, du sucre, du lait
   (c) De la farine, des œufs, du lait

7. Qu'est-ce que c'est une galette ?
   (a) Une crêpe salée de couleur brune
   (b) Un gâteau au chocolat
   (c) Une glace

8. Quel plat à base de poisson vient de Marseille ?
   (a) Le coq au vin
   (b) Le barbecue
   (c) La bouillabaisse

9. En Belgique on mange les moules avec ...
   (a) Du chocolat
   (b) Des frites
   (c) Des légumes

10. Dans quel pays francophone mange-t-on le plus de chocolat ?
   (a) La Suisse
   (b) Le Luxembourg
   (c) Madagascar

(b) Échangez les feuilles de réponses avec un autre groupe. Corrigez les réponses avec le PowerPoint.

(Cliquez ou allez sur le site **mentorbooks.ie/resources** et choisissez l'option TY French/ Chapitre 1/Quiz answers.

(c) Remplissez les deux nuages ci-dessous avec d'autres exemples (relisez le quiz pour vous aider).

(d) Un élève de chaque groupe se lève et va échanger ses réponses avec un autre groupe.

(e) Écoutez les réponses. Elles ne sont pas dans l'ordre. Mettez-les dans le bon nuage.

(f) Partagez les réponses avec la classe et le professeur.

2 Les plats francophones

(a) Pour chaque image, trouvez le pays et le plat représenté.

	1	2	3
Le pays			
Le plat			

(b) Écoutez les réponses.

(c) Lisez le texte ci-dessous et dites quelle image 1, 2 ou 3 il décrit.

C'est un plat traditionnel français breton qui plaît généralement à tout le monde, petits et grands. On peut en manger le matin au petit-déjeuner, le midi ou même le soir. Les crêperies sont des restaurants qui se spécialisent dans ce plat. On les trouve dans toute la France.

Ce plat est fêté chaque année le 2 février lors de la fête de la Chandeleur, 40 jours après Noël. Il se présente toujours sous une forme ronde et dorée qui ressemble au soleil. Certains disent que faire ce plat à la Chandeleur évoque le retour du soleil et l'arrivée du printemps après l'hiver sombre et froid.

On peut déguster ce plat avec du sucré ou du salé, chaud ou froid, mais beaucoup de gens en mangent avec du Nutella ou de la confiture. C'est aussi très bon avec un peu de citron et du sucre.
Pour réaliser ce plat, il vous faut du lait, de la farine et des œufs et une pincée de sel. Certaines personnes mettent aussi du sucre et même un peu de beurre, mais ce n'est pas obligé.

(d) Répondez aux questions sur le texte en français.

1. De quelle région de France ce plat est-il originaire ?
2. À quel moment de la journée peut-on déguster ce plat ?
3. Comment s'appellent les restaurants spécialisés dans ce plat ?
4. Quand fête-t-on ce plat chaque année ?
5. À quoi ressemble ce plat ?
6. Que symbolise ce plat ?
7. Comment peut-on déguster ce plat ?
8. Quels ingrédients faut-il pour réaliser ce plat ?

(e) Luc se présente et parle de son plat préféré. Écoutez et remplissez le tableau.

1. Un détail sur le logement de Luc.	
2. Un détail sur le cousin de Luc.	
3. Un détail sur les passe-temps de Luc.	
4. Un détail sur les goûts de Luc.	
5. Un détail sur le père de Luc.	
6. Un détail sur le petit frère de Luc.	
7. Autres détails ?	

(f) Sur internet, faites une recherche sur un plat traditionnel d'un pays de votre choix que vous aimez.
Vous devez trouver :
- Les ingrédients
- La recette (Attention aux verbes !)
- L'origine de ce plat
- La meilleure saison pour déguster ce plat
- Les différentes façons de déguster ce plat

(g) Trouvez des photos du plat que vous aimez. Écrivez un petit paragraphe décrivant ce plat en français en prenant exemple sur le texte (c). Présentez toutes les données et photos sur un poster.

(h) Mettez tous les posters sur les murs. Votre professeur va vous donner une fiche découverte sur les plats.
(Cliquez ✍ ou allez sur le site **mentorbooks.ie/resources** et choisissez l'option TY French/ Chapitre 1/ On découvre des plats.)
Faites le tour de l'exposition et répondez aux questions.
Une fois complétée, donnez la fiche à votre professeur qui va élire :
    Le meilleur poster
    La meilleure présentation en français
    Le plat le plus populaire

3 Un peu de grammaire

(a) Tous ces verbes sont souvent utilisés dans les recettes. Comment dit-on en anglais ? Dans le cahier, reliez le verbe avec sa traduction anglaise

couper   **faire cuire**   chauffer

ajouter   verser   mettre

séparer   retirer   éplucher   **faire bouillir**

monter les blancs en neige   recouvrir

hacher   servir   préchauffer   mixer

mélanger   **déguster**   **manger**

diluer   étaler

to dilute	to boil	to cut	to put	to taste	to peel	to heat
to serve	to preheat	to mix into	to blend	to eat	to spread	to add
to chop	to separate	to remove	to cook	to cover	to mix	to pour
to whisk the egg whites						

(b) Regardez les verbes dans l'exercice (a). Dessinez un tableau dans le cahier et mettez les verbes dans la bonne colonne selon la terminaison à l'infinitif :

-er	-ir	-re	irrégulier

(c) Souvenez-vous de la conjugasion des verbes réguliers au présent? Avec un partenaire, conjuguez les verbes suivants :

couper   -   finir   -   attendre

(d) Regardez les images. Choisissez une des phrases ci-dessous pour décrire chaque image.

A. Vous servez le plat.

B. Vous hachez les légumes.

C. Vous mettez le plat au four.

D. Vous épluchez les légumes.

E. Vous faites cuire pendant 20 minutes à feu moyen.

F. Vous mélangez le lait et la farine.

G. Vous versez un peu de sauce sur les légumes.

(e) Vous êtes un super chef ! Mettez les images dans l'ordre logique en cuisine.

Phrase	A.	B.	C.	D.	E.	F.	G.
Image							
Ordre							

Stop ● Think

Which tense is used in a recipe?

Which other tense could also be used? (It is the tense you usually use when you give instructions to someone.)

What is the difference between the two tenses?

L'impératif

L'impératif is the tense that we use to give instructions.

To give instructions to just one person, use the 'tu' form of the verb. To give instructions to more than one person, or somebody you don't know very well, use the 'vous' form of the verb.

For –er verbs, use the 'tu' form of the verb, take off the 'tu' and 's'.
      Exemple : mélanger   tu mélanges   **mélange (mix)**

For –ir and –re verbs, use the 'tu' form of the verb and take off the 'tu'.
      Exemple : choisir   tu choisis   **choisis (choose)**
              attrendre   tu attends   **attends (wait)**

To give instructions to more than one person, or somebody you don't know very well, use the 'vous' from of the verb and take off 'vous'.
      Exemples :

mélanger	vous mélangez	**mélangez**
choisir	vous choisissez	**choisissez**
attendre	vous attendez	**attendez**

Some irregular verbs do not follow this rule, and you must learn them by heart:

L'infinitif	tu	vous
avoir	aie	ayez
être	sois	soyez

(f) Lisez la recette et complétez avec un verbe de l'activité 3(a) conjugué à l'impératif avec « vous ».

Pour faire un gâteau d'anniversaire:

1. _____ les jaunes d'œuf et le sucre pour obtenir un mélange blanc.
2. _____ peu à peu le verre de lait, le verre d'huile, la levure, puis la farine.
3. _____ les blancs en neige très ferme.
4. _____ délicatement les blancs en neige au reste.
5. _____ la préparation dans un grand moule à gâteau.
6. _____ 60 min à thermostat 4 (120°C), en enfournant à four froid.
7. _____ selon vos désirs : par exemple avec une crème au chocolat blanc en mélangeant du chocolat blanc à du fromage frais ou avec du chocolat fondu ou du sucre glace. Un vrai délice !

4 Le document 🗨 ✍

(a) Les questions à l'oral du bac de français sont posées à la 2ème personne du pluriel. Voici quelques exemples de questions.

- Aimez-vous cuisiner ?
- Est-ce que vous cuisinez souvent ?
- Aimez-vous aller au restaurant ?
- Qui cuisine le plus chez vous ?
- Quelle tâche ménagère préférez-vous ?
- Quel plat préférez-vous ?
- Y a-t-il un aliment que vous détestez ?

4 ▷ Écoutez Julian qui répond aux questions ci-dessus lors de son oral du bac.

(b) Inspirez-vous de l'oral de Julian pour écrire vos réponses aux questions ci-dessus.

(c) Avec un partenaire, posez les questions et répondez-y chacun à votre tour. Enregistrez / filmez-vous.

Coup de pouce

Quand la question est en « ez » (aimez-vous?), répondez avec le « je » ou « j' ».
Exemple : Aimez-vous cuisiner ? Oui, j'aime cuisiner. Non, je n'aime pas cuisiner.

(d) Regardez les images et reliez l'image avec un établissement.

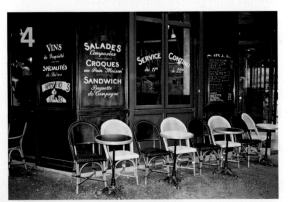

L'établissement	L'image
Le restaurant	
Le fast-food	
Le bistrot	
Le kiosque	

(e) En groupe, parlez des quatre établissements et écrivez une description de chaque établissement. Répondez aux questions pour écrire la description :
- Est-ce qu'on mange à l'intérieur ou dehors ?
- Est-ce qu'il y a des serveurs/serveuses ?
- Est-ce qu'il y a une ambiance décontractée ou formelle ?
- Est-ce qu'on prend notre temps pour déguster le repas ?
- Est-ce qu'on mange ici si on est pressé ?

(f) Lisez chaque description et trouvez l'établissement qui est décrit (chaque phrase peut décrire plusieurs établissements) :

Description	Établissement
1. C'est la restauration rapide, on peut manger sur place ou emporter des plats.	
2. En général, c'est plus cher. Ce n'est pas possible de prendre les plats à emporter.	
3. Il y a des serveurs qui prennent la commande à table.	
4. On commande le repas à la caisse.	
5. C'est service continue.	
6. C'est un lieu chaleureux où on peut prendre un café, un verre ou un repas.	
7. On peut s'installer au comptoir, à l'intérieur ou sur la terrasse, à l'extérieur.	

(g) Le Document : écoutez Chloé qui présente son document à l'oral de français.

(h) Pensez à votre lieu de restauration préféré (établissement où vous aimez aller avec vos amis ou vos proches) et prenez une photo.

(i) Écrivez la description du lieu.

(j) Complétez la fiche du document.

(Cliquez 🖱 ou allez sur le site **mentorbooks.ie/resources** et choisissez l'option TY French/Chapitre 1/La fiche du document.)

5 Les bistrots

Fun Fact

Bistrots in France are a combination of a café, bar and restaurant. Be careful where you sit in a French bistrot! There are often three different prices, depending on where you sit. For example, the cheapest cup of coffee is when you drink it standing at the bar; it is a bit more expensive if you want to sit at a table inside the bistrot; the most expensive cup of coffee is when you sit outside on the terrace.

(a) Allez sur Google et recherchez des informations sur les bistrots français UNESCO. Avec un partenaire, écrivez cinq phrases en français sur des Bistrots.

(b) Vrai ou faux : avec un partenaire lisez et répondez aux questions. Vous pouvez utiliser internet pour vous aider.

	Vrai	Faux
1. On ne peut pas manger dans un bistrot.	☐	☐
2. L'alcool est interdit dans un bistrot.	☐	☐
3. Les prix varient en terrasse.	☐	☐
4. On peut prendre un café à emporter dans un bistrot.	☐	☐
5. Il y a des bistrots dans toutes les villes de France.	☐	☐
6. On peut commander des plats à emporter dans un bistrot.	☐	☐
7. On peut retrouver ses amis au bistrot.	☐	☐
8. Le bistrot est ouvert toute la journée.	☐	☐
9. Le bistrot est un lieu typiquement français.	☐	☐
10. Le bistrot est de plus en plus populaire.	☐	☐

(c) Regardez le PowerPoint pour corriger vos réponses.

(Cliquez 🖱 ou allez sur le site **mentorbooks.ie/resources** et choisissez l'option TY French/ Chapitre 1/ Les bistrots answers.)

(d) On s'entraîne pour le bac. Lisez le texte sur la disparition du bistrot en France.

Suivez les cinq étapes pour la compréhension de texte :
1. Lisez le titre et l'introduction
2. Lisez les questions attentivement. Soulignez les mots importants dans chaque question.
3. Lisez le texte, sans arrêter. N'oubliez pas, l'essentiel est de comprendre le texte en général, ce n'est pas nécessaire de comprendre tous les mots dans un texte.
4. Relisez chaque question et trouvez la réponse dans le texte. Répondez à chaque question !
5. Relisez les questions et les réponses.

Les bistrots à Paris commencent à disparaître

Propos recueillis par Romain Gaspar

Alain Fontaine, **le propriétaire** du bistrot Le Mesturet, à Paris, est à la tête de l'association qui s'est créée le 11 juin 2018 pour obtenir l'inscription des bistrots et des terrasses de Paris au Patrimoine culturel immatériel de l'Unesco pour leur art de vivre.

Pourquoi cette candidature des bistrots parisiens au Patrimoine immatériel de l'Unesco ?
L'âme d'un bistrot, je l'ai toujours connue. Je transpire le bistrot, et beaucoup de mes camarades également. Mais on a été obligé de faire un constat. Ces lieux du vivre-ensemble considérables, très attachés à Paris, commencent à **disparaître**. En trente ans, le nombre d'établissements de restauration n'a pas baissé, alors que le nombre de bistrots, si. Ils représentaient 50 % de la restauration parisienne contre 14 % aujourd'hui. Il fallait agir. Si on disparaît, c'est un pan de la civilisation qui se perd.

Comment expliquer cette baisse du nombre de bistrots ?
La première menace, ce sont les nouvelles technologies, avec ce que l'on a appelé « le rentrisme ». Les jeunes de 30-35 ans rentrent chez eux beaucoup plus souvent qu'auparavant pour se faire **livrer** leurs repas. Ce phénomène a été amplifié par **les attentats** de 2015 et de 2016.
La seconde menace, ce sont les sociétés de logement pour touristes qui louent des appartements avec des cuisines personnelles. Le troisième facteur est l'envahissement des bureaux et des domiciles par de célèbres machines à café en dosettes qui ont fait disparaître le petit café du matin au bistrot.
Nos affaires familiales n'intéressent pas les investisseurs, qui exigent une rentabilité bien supérieure à la nôtre. Personnellement, je sors de deux ans de pertes. Ce sont les sandwicheries, les fast-foods et les restaurants, qui n'ont pas notre amplitude horaire, qui nous remplacent.
Enfin, l'émergence de la bistronomie est aussi un élément d'explication. C'est l'art culinaire de faire de la cuisine de bistrot dans un restaurant, avec de grands chefs. Mais un restaurant qui fait de la bistronomie n'est pas ouvert **en continu** dans la plupart des cas.

Quelles conséquences espérez-vous pour les bistrotiers en cas de succès de votre candidature ?
On veut **protéger** un art de vivre qui est un brassage culturel populaire, un effaceur social, ethnique et confessionnel. On veut le partager et le faire connaître dans le monde entier. On a lancé une

adhésion à notre association d'un montant de 3 euros sur notre site, ouverte au monde entier.
L'objectif est de créer un fonds pour financer des activités culturelles dans les bistrots (expositions, théâtre, peinture, signature de livres, concerts, réunions, conférences…). Si nous récoltons beaucoup d'argent, nous étendrons ce fonds à des projets d'ouverture de bistrots dans de petits villages où l'administration a disparu.
Un label « Art de vivre bistrots et terrasses de Paris » sera également créé. Pour s'en prévaloir, les membres devront respecter une charte établie par l'association.

Le Monde

Lexique

je transpire: I sweat
un brassage: a mix
un constat: an observation
une adhésion: a subscription
agir: to act
prévaloir: to avail of
une menace: a threat
le rentrisme (l'argot): returning home instead of eating out

(e) Répondez aux questions en français.
1. L'association pour obtenir l'inscription des bistrots et des terrasses de Paris au Patrimoine culturel immatériel de l'Unesco a été créée en quelle année ?
2. Qui est à la tête de cette association ?
3. Comment s'appelle le bistrot d'Alain Fontaine ?
4. Il y a trente ans, le bistrot représentait quel pourcentage de la restauration parisienne ?
5. Quelle est la première menace du bistrot ?
6. Quel est le but de l'association ?
7. Comment est-ce qu'on peut soutenir l'association ?
8. Donnez deux activités culturelles qu'on veut voir dans les bistrots ?
9. Traduisez les sept **mots** soulignés dans le texte en anglais.

(f) Dans le texte, ci-dessus, Alain Fontaine dit que la première menace des bistrots est « le rentrisme » et les plats à emporter (*takeaways*) qu'on mange chez nous. Êtes-vous d'accord ? Divisez la classe en deux – un groupe est d'accord, l'autre groupe n'est pas d'accord.

Le débat – comment ça se déroule

1. Divisez la classe en deux groupes.

2. Les deux groupes ont un point de vue différent : **oui** ou **non** pour la thèse.

3. Trouvez au moins trois arguments pour défendre votre point de vue.

4. Essayez de trouver des points originaux et/ou amusants.

5. N'ayez pas peur de donner des exemples personnels.

6. Commencez avec « Mesdames et Messieurs, je vais vous parler de… Je suis pour/contre la thèse ».

7. Introduisez les trois arguments avec « D'abord … ensuite … finalement … ».

8. Utilisez les phrases pour les débats page 160.

9. Décidez qui seront les orateurs/oratrices.

10. Chaque orateur/oratrice va parler pendant une minute.

6 Des films

(a) Allez sur Google et tapez « bande-annonce film À Vif AlloCiné ». Regardez la bande annonce et répondez aux questions :

1. Comment s'appellent les acteurs principaux ?
2. Quelles professions sont présentées dans le film ?
3. Où se passe la plupart (*most*) des scènes du film ?
4. Quelles actions reconnaissez-vous ?
5. Quels problèmes / désavantages de ce métier sont exposés dans ce film ?
6. Dans le film, Bradley Cooper adore son métier. Est-ce que vous aimeriez faire ce métier ?

(b) Écoutez Manu et Lou qui parlent du film « À Vif » et remplissez le tableau en mettant chaque commentaire à la bonne personne.

Qui dit quoi ?	Manu	Lou
1. Je préfère les films de science-fiction.		
2. J'aime beaucoup les deux acteurs.		
3. Ça n'a pas l'air intéressant.		
4. On va apprendre des choses sur le métier de chef.		
5. L'acteur est super drôle.		
6. Je déteste le sujet.		
7. J'aime bien l'acteur principal.		
8. Ça a l'air bien comme film.		
9. C'est pas mon truc.		

(c) Votre critique : Évaluez cette bande-annonce avec les étoiles et expliquez pourquoi vous voulez / ne voulez pas voir ce film. Inspirez-vous du dialogue entre Manu et Lou.

Ma critique: _____

_____

_____

_____

_____

(d) Regardez les deux images et trouvez un lien entre les deux images :

(e) Avez-vous regardé le film d'animation « Ratatouille » ? En groupe de trois ou quatre, racontez l'histoire de Ratatouille.

(f) Lisez les mots ci-dessous et entourez les mots qu'on peut utiliser pour décrire le film :

(g) Allez sur YouTube et tapez « Ratatouille Le Festin Dania Yamout ». Lisez les phrases et mettez-les dans l'ordre dans lequel elles apparaissent dans le clip (le premier est déjà fait).

	L'ordre
Le rat mange du raisin, du fromage et du pain.	
Un cuisinier ajoute du sel dans la sauce.	
Un monsieur porte des baguettes sur son vélo. Il tombe du vélo en voyant le rat.	1
Un rat prépare une ratatouille.	
Deux cuisiniers rappent des citrons.	
Un rat regarde la cuisine d'une fenêtre.	
Le rat prépare une omelette.	
Un monsieur lit le journal.	
Le critique déguste, et aime, la ratatouille.	
Le rat se lave les mains avec une goutte d'eau.	

(h) Utilisez les phrases pour écrire l'histoire du clip « Ratatouille ».

Coup de pouce

Utilisez les mots de liaison pour écrire une histoire. Par exemple : et - mais - ensuite - et puis - finalement - cependant

7 Un jeu

Les règles :

1. On joue avec au moins deux joueurs.
2. Utilisez un dé et un jeton pour chaque joueur.
3. Jettez le dé et avancez. Attention il faut donner vos réponses avec une phrase complète !
4. Le premier à arriver à la fin gagne !

Départ

Quel est ton plat préféré ?

Nommez un plat typiquement français.

Un aliment qu'on peut acheter au marché ?

Un ingrédient qu'on utilise pour préparer une ratatouille ?

Un produit laitier typiquement français ?

Un dessert typiquement français ?

Conjuguez un verbe irrégulier au présent.

L'infinitif d'un verbe régulier en –er ?

Quel est ton plat à emporter préféré ?

Un aliment qu'on mange au petit déjeuner ?

Un ingrédient qu'on utilise pour préparer un gâteau ?

Fin

8 La compréhension orale

7 (a) **Trois jeunes, Clara, Max et Élodie, parlent de ce qu'ils mangent pour le petit-déjeuner, le déjeuner et le dîner. Écoutez et répondez aux questions en anglais.**

1. Why did Clara not have time to eat breakfast this morning?
2. What does Clara usually eat for breakfast?
3. What food does Élodie offer Clara?
4. What does Élodie usually drink for breakfast?
5. What does Max eat with his cereal?
6. What does Max usually drink for his breakfast?
7. What does Clara like to eat for lunch?
8. What is Élodie's favourite dish?
9. What does Élodie usually eat in the evening?
10. Who usually prepares the evening meal in Max's house?
11. Name one dish that Clara usually makes in the evening for herself and her sisters.

8 (b) **Deux jeunes, Malik et Sophie, parlent de la fête traditionnelle chez eux. Écoutez et répondez aux questions en anglais.**

1. Where is Sophie going to spend the Christmas holidays?
2. What is Sophie going to prepare for the Christmas dinner this year?
3. What is Sophie's father going to bring to the dinner?
4. What does Sophie's family eat as a starter?
5. Name two vegetables that they eat.
6. What is Malik going to do during the Christmas holidays?
7. Who does Malik celebrate Eid with?
8. Name one dish that Malik and his family eat at Eid.
9. What do they eat for dessert?
10. What does Clara suggest she and Malik should do?

9 (c) **Deux jeunes, Grégoire et Mégane sont au bistrot. Ils commandent à manger et à boire. Écoutez et répondez aux questions en anglais.**

1. Where do Grégoire and Mégane decide to sit?
2. Why do they decide to sit there?
3. What is Mégane going to drink?
4. What does Grégoire suggest they share?
5. What two dishes is Mégane thinking about ordering?
6. What does Grégoire suggest might be nice?
7. What is the Dish of the Day?
8. What is it served with?
9. Name two ingredients that Mégane orders in her omelette.
10. What side dish does the waiter offer with the omelette?

9 On pratique

Exercice 1. Complétez les mots croisés

Horizontal
3. Manger (je)
5. Faire (vous)
6. Servir (tu)
8. Ajouter (nous)
9. Monter (nous)

Vertical
1. Attendre (il)
2. Choisir (elles)
3. Mélanger (tu)
4. Verser (vous)
7. Couper (ils)

Exercice 2. Associez chaque verbe à sa traduction française.

En anglais	En français
to pour, to put, to serve, to mix, to add, to peel, to spread, to boil, to cook, to cut	ajouter, faire bouillir, couper, éplucher, verser, étaler, mélanger, faire cuire, servir, mettre

Exercice 3. (a) Complétez les phrases avec le bon verbe à l'impératif.

coupez - versez - goûtez - faites - servez - mettez

1. _____ cuire le plat au four 20 minutes.
2. _____ le plat 2 heures au frigo.
3. _____ la sauce sur les fruits.
4. _____ chaud avec une sauce aux champignons.
5. _____ le délicieux gâteau.
6. _____ les pommes en petits morceaux.

(b) Transformez les phrases 1–6 avec l'impératif singulier comme dans l'exemple.

Mang**ez** le dessert ⟶ Mang**e** le dessert

Exercice 4. Dans le cahier, décrivez cette photo en utilisant les mots ci-dessous.
Cette photo nous montre - Au premier plan - En arrière-plan - On voit - Il y a

Exercice 5. Allez sur YouTube et tapez « La Famille Bélier bande-annonce ».
Regardez la bande annonce et écrivez votre critique. Expliquez pourquoi vous voulez / ne voulez pas voir ce film.

Exercice 6. La restauration rapide (les fast-food).
Lisez les phrases ci-dessous et dites si elles sont **pour** ou **contre** les fast-food.

	Pour	Contre
1. C'est bien quand on a pas beaucoup de temps.		
2. Ce n'est généralement pas très cher.		
3. Ce n'est pas très bon pour la santé.		
4. Il y a souvent beaucoup de monde et il faut faire la queue.		
5. C'est ouvert jusqu'à tard le soir.		
6. Les repas ne sont pas très équilibrés.		

2

L'ART

Chapitre 2 L'Art

In this chapter you will:

- Identify some famous French artists.
- Describe your favourite painting.
- Understand a film review.
- Talk about a visit to an art gallery or museum.
- Discuss street art.
- Write a description of your favourite painting or photograph.
- Listen to the French song *Dernière Danse* by the French group *Kyo*.
- Listen to young people talking about art and their favourite artists.

La grammaire :	La culture :
Le passé composé	Robert Doisneau – Photographe
	Le Street-Art – « Visages Villages » film
	La chanson « Dernière danse »

1 Un quiz

(a) Que savez-vous sur l'art français ? Par petits groupes, répondez aux questions du quiz ! Écrivez vos réponses sur une feuille. Vous pouvez utiliser internet pour vous aider.

1. **Quel peintre est français ?**
   (a) Salvador Dali
   (b) Picasso
   (c) Claude Monet

2. **Comment s'appelle le musée d'art le plus connu à Paris ?**
   (a) Le Louvre
   (b) La Librairie
   (c) L'Amour

3. **Le Musée D'Orsay est une ancienne … ?**
   (a) Bibliothèque
   (b) Piscine
   (c) Gare

4. **Le titre français pour Mona Lisa est … ?**
   (a) L'Italienne
   (b) La Joconde
   (c) Le Lisa

5. **Paul Cézanne a été inspiré par le paysage en … ?**
   (a) Provence
   (b) Bretagne
   (c) Normandie

6. **Comment s'appelle le mouvement artistique créé à Paris à la fin du 19ème siècle ?**
   (a) Le Classicisme
   (b) Le Romantisme
   (c) L'Impressionnisme

7. **Quel peintre n'est pas français ?**
   (a) Edgar Degas
   (b) Léonard de Vinci
   (c) Pierre-Auguste Renoir

8. **Edgar Degas a été inspiré par des … ?**
   (a) Danseuses
   (b) Pompiers
   (c) Fleurs

9. **Comment s'appelle le tableau le plus connu d'Eugène Delacroix ?**
   (a) Le Fraternité guidant le peuple
   (b) L'Égalité guidant le peuple
   (c) La Liberté guidant le peuple

10. **Le Musée d'Art et d'industrie de la ville de Roubaix est une ancienne … ?**
    (a) Piscine
    (b) Église
    (c) Maison

(b) Échangez les feuilles de réponses avec un autre groupe. Corrigez les réponses avec le Powerpoint.

(Cliquez ou allez sur le site **mentorbooks.ie/resources** et choisissez l'option TY French/ Chapitre 2/Quiz answers.)

(c) Faites une liste de tous les peintres français que vous connaissez. Relisez le quiz pour vous aider.

(d) Partagez votre liste avec la classe et gardez une liste définitive dans votre cahier.

2 Un photographe français

(a) Allez sur internet et tapez https://www.robert-doisneau.com/fr/portfolios/

(b) Choisissez les portfolios « Enfants » ou « Paris La Tour Eiffel ».

(c) Regardez les images de Robert Doisneau et répondez aux questions :

1. À quelle époque a-t-il travaillé ?
2. Il a travaillé dans quelle ville principalement ?
3. Quel est le style de Doisneau : impressionniste, moderniste ou réaliste?
4. Aimez-vous ses photos ? Donnez deux raisons.

(d) Cherchez sur internet la photo « Les Tabliers de la Rue de Rivoli, Paris. 1978 » et lisez la description. Vous pouvez écouter le texte.

J'ai choisi cette photo parce que c'est marrant et mignon. La photo a été prise à Paris, sur la Rue de Rivoli. La photo a été prise pendant la journée scolaire. On voit des enfants de l'école maternelle en sortie scolaire. Au premier plan, les enfants traversent la rue avec un camarade et ils tirent le manteau de l'enfant qui est devant. Je trouve ça drôle, mais pratique ! En arrière-plan, on voit des voitures et des bâtiments de la Rue de Rivoli. La photo est en noir et blanc. Quand je regarde cette photo, je me sens heureuse parce que les enfants ont l'air de s'amuser. La ville de Paris est belle sur la photo. Ça donne envie de visiter Paris.

(e) Choisissez votre photo préférée de Robert Doisneau. Répondez aux questions suivantes, puis présentez la photo à la classe :
1. La photo a été prise à quel endroit ?
2. Qui est sur la photo ?
3. Qu'est-ce qui se passe sur la photo ?
4. Quels sentiments ressentez-vous quand vous voyez la photo ?

(f) Cherchez sur internet la photo « Le Cadran Scolaire, 1956 » de Robert Doisneau et répondez aux instructions suivantes :
1. Trouvez un titre pour la photo.
2. Décrivez la scène à votre partenaire.
3. Imaginez ce qui s'est passé avant.
4. Écrivez la suite de la scène.

3 Mon tableau préféré

(a) Reliez le mot avec l'image :
1. Le tableau
2. Le musée
3. En arrière-plan (background)
4. Le cadre (frame)
5. Le peintre
6. Le paysage
7. Au premier plan (foreground)
8. La couleur (rose)

1	2	3	4	5	6	7	8
F ✓	C ✓	D ✓	B ✓	A ✓	G ✓	E ✓	H

(b) Regardez les cinq tableaux ci-dessous et lisez la description. Avec un partenaire, dites quel tableau le texte décrit.

Il s'agit d'un paysage en hiver. En arrière-plan il y a le ciel et les oiseaux. Au premier plan, il y a un arbre avec un rouge-gorge. On voit les couleurs blanc, bleu et rouge dans le tableau.

C'est le tableau : _____

(c) Regardez encore les quatre tableaux qui restent. Écrivez une description d'un des tableaux.

(d) Lisez la description du tableau à votre partenaire. Votre partenaire doit deviner quel tableau vous décrivez.

(e) Regardez la liste des peintres français de l'exercice 1(d).

(f) Choisissez un peintre et un de ses tableaux. Écrivez une description du tableau dans votre cahier.

4 La biographie d'un peintre français

(a) Lisez les informations sur le célèbre peintre Claude Monet et remplissez les blancs dans sa biographie.

Biographie

Claude Monet est né le 14 (1) _____, 1840 à
(2) _____. C'est un (3) _____ français.
Il a fait ses études à (4) _____.
Il a travaillé à Paris, Poissy et (5) _____, où
il a eu une résidence secondaire. Claude Monet a fait
partie du mouvement (6) _____ en France.
Il a travaillé avec les artistes Pierre-Auguste Renoir,
Camille Pissarro et Alfred Sisley pour créer ce nouveau
mouvement moderne. En 1870, Monet et sa famille ont
déménagé en Angleterre. Là, il a été influencé par les
œuvres de (7) _____ et (8) _____.
Les sujets de ses tableaux sont souvent des
(9) _____, son (10) _____ et des
(11) _____. La maison et le jardin de Monet
à Giverny sont apparus dans plusieurs de ses tableaux.
Claude Monet est mort le (12) _____ 1926, à
Paris, à l'âge de (13) _____ ans.

Naissance	14 novembre 1840 Paris
Décès	5 décembre 1926 (à 86 ans)
Nationalité	Française
Activité	Artiste peintre
Formation	École impériale des beaux-arts de Paris (1862)
Lieux de travail	Paris, Poissy, Giverny
Mouvement	Impressionnisme
Impressionnisme	Les paysages, son jardin, les fleurs
Influencé par	John Constable, William Turner

(b) Choisissez un des peintres français de l'exercice 1(d) ou un peintre d'une autre nationalité que vous aimez. Complétez le tableau ci-dessous, puis écrivez la biographie.

Naissance	
Décès	
Nationalité	
Activité	
Formation	
Lieux de travail	
Mouvement	
Ce qu'il/elle aimait peindre	
Influencé par	

(c) Trouvez un tableau connu du peintre que vous avez choisi. Présentez sa biographie, ainsi que son tableau avec un poster ou un PowerPoint.

5 Un peu de grammaire

(a) Relisez la biographie de l'exercice 4 (a). <u>Soulignez</u> tous les verbes dans le texte.

(b) Avec un partenaire, décidez quel temps (*which tense*) est utilisé dans le texte.

(c) Partagez vos idées avec la classe.

(d) Travaillez en groupe : En groupes de trois ou quatre, préparez un jeu ou un exercice pour réviser le passé composé. Lisez les commentaires de Monsieur Je Sais Tout pour vous aider.

(e) Vérifiez avec le professeur que vous avez bien compris le passé composé.

(f) Présentez votre jeu ou votre activité à la classe.

Le passé composé

The past tense (passé composé) is composed of **two parts:** auxiliary verb + past participle

Auxiliary verbs: avoir or être
- Most verbs take the auxiliary **avoir.**
- 14 verbs take **être.**
- Reflexive verbs also take **être** in the passé composé.

Once you know which auxiliary to use, you then look at how to form the past participle of the verb.

(a) Complétez le tableau avec les verbes **avoir** et **être** conjugués au présent :

avoir	être
J' ai	Je suis
Tu as	Tu _____
Il/elle/on _____	Il/elle/on est
Nous _____	Nous sommes
Vous avez	Vous _____
Ils/elles ont	Ils/elles sont

Past participle of regular verbs

To find the past participle of regular verbs:
- -er verbs, take off –er and add **é**
- -ir verbs, take off –ir and add **i**
- -re verbs, take off –re and add **u**

Exemple :

regard**er** - j'ai **regardé** *(I watched)*
fin**ir** - j'ai **fini** *(I finished)*
attend**re** - j'ai **attendu** *(I waited)*

The past participle of irregular verbs

To find the past participle of irregular verbs, you will need to learn them *par coeur !*
There are four categories of irregular endings:

1. Past participle ending in –u:

Verbe	Participe passé
avoir	eu
courir	couru
devoir	dû
pleuvoir	plu
pouvoir	pu
recevoir	reçu
savoir	su
voir	vu
vouloir	voulu
boire	bu
connaître	connu
croire	cru
lire	lu

Exemple : J'ai eu un nouveau portable pour mon anniversaire. *(I got a new mobile for my birthday.)*

2. Past participle ending in –ert:

Verbe	Participe passé
offrir	offert
ouvrir	ouvert

Exemple : <u>Il a ouvert</u> la porte. *(He opened the door.)*

3. Past participle ending in –i / –it / –is :

Verbe	Participe passé
écrire	écrit
dire	dit
faire	fait
mettre	mis
prendre	pris
rire	ri
suivre	suivi

Exemple : <u>Nous avons pris</u> le bus numéro 29a. *(We took the number 29a bus.)*

4. Past participle ending in é:

Verbe	Participe passé
être	été

Exemple : <u>Elle a été</u> très contente avec ses résultats. *(She was very happy with her results.)*

Verbs that take 'être' in the passé composé:

Remember the 14 verbs that take **être** by using the acronym:

MRS VANDERTRAMP

M monter - monté
R retourner - retourné
S sortir - sorti
V venir - venu*
A aller - allé
N naître - né*
D descendre - descendu
E entrer - entré
R rentrer - rentré
T tomber - tombé
R rester - resté
A arriver - arrivé
M mourir - mort*
P partir – parti

*Only three verbs that take **être** in the passé composé are irregular: **venir, naître** and **mourir.** You must learn these participes passés *par coeur !*

Stop Think

La Négation

Can you remember the two words we use in French to make a sentence negative? Share your ideas with a partner and with the class

(a) Read the two sentences and circle the **two words** in each that make them **negative**:

      1. Nous ne sommes pas allés au cinéma samedi.

      2. Je n'ai pas joué au football hier.

(b) With a partner, decide on a rule for the position of ne/n' and pas in a sentence in the passé composé.

Reflexive verbs in the passé composé

Reflexive verbs in the passé composé also take **être** and in most cases follow the same rules of agreement. Most reflexive verbs are **regular –er verbs.**

To form the passé composé of reflexive verbs you need **four parts:**
Subject + reflexive pronoun + auxiliary + past participle

Exemple :
se laver *(to wash oneself)*
Je me lave. Je me **suis** lavé(e).
Elle se lave. Elle **s'est** lavée.
Nous nous lavons. Nous nous **sommes** lavés.

Negation of reflexive verbs

(a) Read the sentence and circle the **two words** that makes it **negative**:

Nous ne nous sommes pas douchés après le match.

(b) With a partner, decide on a rule for the position of ne/n' and pas in a sentence in the passé composé that has a reflexive verb.

6 Un jeu

(a) Travaillez avec un partenaire. Décidez qui sera :
1. **L'inspecteur/l'inspectrice**
2. **Le suspect**

(b) **Le scénario :** Au Musée des Beaux-Arts, on a découvert qu'un célèbre tableau d'un artiste connu a été volé ! Il n'y a qu'un suspect. L'inspecteur/l'inspectrice est là pour découvrir la vérité.

(c) **L'inspecteur/l'inspectrice :** Il faut poser des questions **(au passé composé)** au suspect pour trouver :
- Où est-ce qu'il/elle était hier soir ?
- Avec qui était-il ?
- Qu'est-ce qu'il/elle a fait ?
- Pourquoi il/elle était au Musée ?
- Que connait-il/elle du célèbre tableau ?

(d) **Le suspect :** Il faut répondre aux questions (au passé composé) jusqu'au bout. Il faut convaincre l'inspecteur/inspectrice que vous n'avez pas volé le célèbre tableau.

7 Le document

(a) Lisez et écoutez le texte de Marion qui décrit une visite au musée d'Orsay à Paris et répondez aux questions :

J'adore le Musée D'Orsay. Je vais au Musée D'Orsay avec ma grand-mère. Nous adorons les tableaux, surtout ceux des peintres impressionnistes. Mon tableau préféré que je vois au Musée D'Orsay s'appelle *La Classe de Danse* par Edgar Degas. J'adore l'image des danseuses, c'est romantique et réaliste en même temps. Je passe des heures à regarder des tableaux. Je fais de la danse classique, alors ça me rappelle mes cours de danse. Je reste devant chaque tableau pendant une ou deux minutes pour bien apprécier l'image. À la fin de la visite, on va au café du musée et on boit un café. Je vais aussi à la boutique du musée et j'achète des cartes postales. Je garde des souvenirs de la visite et je passe un bon moment avec ma grand-mère. J'aime tant ce musée, j'y retourne avec mon père le week-end. À chaque visite, je découvre un nouveau tableau que j'adore.

Les questions

1. Who goes with Marion to the Musée D'Orsay?
2. What type of art does Marion prefer?
3. What is the name of Marion's (a) favourite painting (b) favourite artist?
4. How long does Marion spend in front of each painting?
5. At the end of the visit, where do Marion and her grandmother go?
6. What does Marion buy in the museum shop?
7. Who does Marion return to the museum with?

(b) Reliez le mot français avec sa traduction anglaise.

Français
Il y a cinq ans   Hier
L'année dernière
Samedi dernier
L'été dernier
Hier soir

Anglais
Yesterday   Last summer
Five years ago
Last night   Last year
Last Saturday

(c) <u>Soulignez</u> tous les verbes au présent dans le texte.

(d) Écrivez le texte de Marion dans le cahier au passé composé.

(e) Avez-vous déjà visité un musée ? Racontez la visite à votre partenaire :
Pensez à :
Quand avez-vous visité le musée ?
Avec qui ?
Qu'est-ce que vous avez vu au musée ?
Quel était votre tableau préféré ?

(f) Écrivez une description de votre visite au musée. N'oubliez pas d'utiliser le passé composé, ainsi que des mots de liaison (voir page 21).

(g) On recherche. Si vous n'avez jamais visité un musée, faites une recherche en ligne sur votre tableau préféré. Puis, cherchez où se trouve ce tableau. Écrivez une description de votre visite au musée pour voir votre tableau préféré.

Coup de pouce

When describing an event in the past, we often use a combination of the **passé composé** and **l'imparfait**. Go to page 73 to revise **l'imparfait**. Some verbs are more commonly used in the **imparfait** rather than the **passé composé**. For example, **être**:

C'est (it is)   **C'était** (it was)

(h)   Écoutez Brice qui présente son document à l'oral de français : « **Mon Tableau Préféré** »

Mon Tableau Préféré

Mon tableau préféré s'appelle « La Chambre » par Vincent Van Gogh. J'ai vu le tableau quand je suis allé à Amsterdam en voyage scolaire pendant mon année de Transition. J'adore les couleurs dans le tableau. les couleurs dominantes sont le bleu, le rouge, le vert et le jaune. Van Gogh est né en 1853 aux Pays-Bas. Il est mort en France en 1890. Il a passé beaucoup de temps en France et il est connu pour ses tableaux du paysage français et des fleurs. Cependant, mon œuvre préféré de Van Gogh est « La Chambre ». Il a été inspiré par des impressionnistes et on voit aussi le Naturalisme dans ces tableaux. Dans ce tableau, on voit le lit, l'objet le plus grand dans la chambre. Au premier plan, on voit aussi une chaise et en arrière-plan, on voit une table et une petite chaise. Sur les murs il y a des tableaux. J'aime la simplicité de la chambre et la lumière qu'on voit de la fenêtre. On a l'impression que c'est une chambre confortable.

(i) Pensez à votre tableau ou votre photo préféré(e).
(j) Écrivez la description du tableau / de la photo.
(k) Complétez la fiche du document.

Cliquez [icon] ou allez sur le site **mentorbooks.ie/resources** et choisissez l'option TY French/Chapitre 2/La fiche du document.

8 L'art et le cinéma

A. Le Petit Nicolas

(a) Allez sur Youtube et tapez « *Le Petit Nicolas (2010) Partie " Ménage " »*.

(b) Lisez les phrases et mettez-les dans l'ordre d'apparition dans le clip (le premier est déjà fait).

- ❑ Le chat se cache dans les rideaux.
- ❑ Les garçons arrivent à la maison.
- 1 Nicolas et ses amis décident de faire le ménage.
- ❑ Clotaire porte une bassine d'eau au salon.
- ❑ Les parents partent en voiture.
- ❑ Clotaire met du produit dans l'évier.
- ❑ L'aspirateur tombe en panne.
- ❑ Le chat entre dans la maison.
- ❑ Alceste descend les rideaux.
- ❑ Les parents rentrent.
- ❑ Nicolas lave le canapé avec une brosse.

(c) Vérifiez vos réponses avec un partenaire et avec la classe.

(d) <u>Soulignez</u> le verbe dans chaque phrase.

(e) Mettez chaque verbe à l'infinitif, puis au passé composé dans le cahier.

(f) Écrivez une description du clip au passé composé.

B. Visages Villages

(a) Regardez la fiche du film « Visages Villages » d'Agnès Varda et JR.

(b) Avec un partenaire, entourez les mots qui vous passent par la tête.

un jeune homme - une vieille femme - un vieil homme - deux artistes - un camion - le voyage - une photo - la ville - la campagne - l'amitié - l'amour - l'aventure - le visage - l'humour - le travail

(c) Allez sur Youtube et tapez « *Visages Villages bande annonce »*. Regardez la bande-annonce, puis répondez aux questions avec vrai / faux.

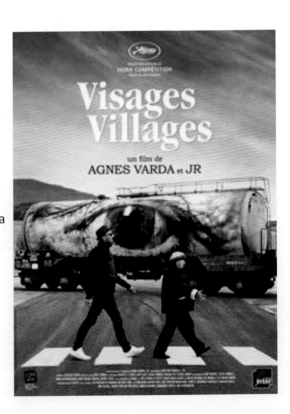

	Vrai	Faux
1. Agnès Varda est une jeune femme de 33 ans.		
2. Le camion de JR est un appareil-photo géant.		
3. Agnès veut aller vers des grandes villes.		
4. Le camion imprime des photos en grand format.		
5. On met des photos dans un livre de photos.		
6. JR et Agnès prennent uniquement des photos de mannequins.		

(d) Regardez à nouveau les premières 15 secondes de la bande annonce. Décrivez l'apparence physique de JR et d'Agnès Varda.

(e) Partagez votre description avec un partenaire et avec la classe.

(f) Lisez le texte et répondez aux questions en français.

« Visages Villages » Critique

La réalisatrice Agnès Varda et le street-artiste JR sont partis sur les routes de France à la rencontre des habitants. Leur aventure sort en DVD.

ÇA RACONTE QUOI ?

Agnès Varda, 89 ans, est **une réalisatrice** et photographe renommée qui vient de recevoir un Oscar d'honneur pour l'ensemble de sa carrière. JR est un photographe qui a l'habitude de voyager à travers le monde pour afficher les visages d'inconnus sur des murs gigantesques. Ensemble, ils sont partis **sillonner** les routes de France dans un camion-photomaton, pour rencontrer des gens de tous les âges, de tous les horizons, et afficher en grand leurs portraits. Ce film documentaire est **le récit** de leur aventure !

POURQUOI C'EST BIEN ?

Parce que c'est complètement **loufoque** et étonnamment très émouvant. D'un côté, un petit bout de femme au caractère bien trempé et à l'immense carrière cinématographique. Elle a aussi été l'épouse de Jacques Demy (le réalisateur des Demoiselle de Rochefort). De l'autre, un photographe-voyageur qui ne quitte jamais ses lunettes noires. Leurs rencontres aux « six coins » de la France sont d'une tendresse qui fait plaisir à voir. En mettant en lumière des inconnus sur leurs lieux de vie ou de travail, ils transforment de simples murs en œuvres d'art. Tu vas sourire et être ému par ce film.

L'AVIS D'UNE LECTRICE DU Monde Des Ados
« J'ai vu en avant-première le film d'Agnès Varda et de JR, « Visages Villages ». Je les ai rencontrés à cette occasion. Ils sont très gentils mais surtout, le film est génial. Je le conseille à tous les fans de photos et aux voyageurs-rêveurs. »
(Esther, 12 ans)

Lexique
Une réalisatrice : a filmmaker / a director
Sillonner : to roam
Le récit : story or description
Loufoque : zany, bizarre
Avant-première : film premiere

1. Que pensez-vous du titre du film ? De quoi s'agit-il ?
2. Pourquoi Agnès Varda a-t-elle reçu un Oscar d'honneur ?
3. Quel est le boulot de JR ?
4. Donnez un adjectif qu'on utilise dans le texte pour décrire le film ?
5. Qu'est-ce que JR aime porter tout le temps ?
6. Donnez un endroit où ils rencontrent des inconnus ?
7. Esther a conseillé le film à quel public ?

9 Une chanson

(a) Allez sur YouTube et tapez « Kyo Une dernière danse ».
(b) Écoutez la chanson et regardez la vidéo.
(c) Entourez l'adjectif pour décrire comment vous vous sentez en regardant la vidéo :

triste - heureux(se) - frustré(e) - perdu(e)

(d) Complétez le tableau avec le participe passé des verbes suivants. Vérifiez les réponses avec un partenaire et avec la classe.

L'infinitif	Participe-passé
connaître	**connu**
trouver	
parcourir	
voir	
recevoir	
enchanter	
apprendre	

(e) Pour voir la fiche d'activité sur les paroles et les verbes, cliquez ou allez sur le site de **mentorbooks.ie/resources** et choisissez l'option TY French/Chapitre 2/Une chanson.

 **Kyo**

Je veux juste une dernière danse
Avant l'ombre et l'indifférence
Un vertige puis le silence
Je veux juste une dernière danse

(f) Écoutez encore la chanson « Dernière danse » et répondez aux questions suivantes en anglais :

1. What's the song about? Choose the best option.

(a) A night at a party
(b) A dance class
(c) A breakup

2. Why do you think the video of the song is shot outside a house?

3. Do you like the song? Why? Why not? (Utilisez les phrases du Coup de pouce pour vous aider).

Coup de pouce

Expressions utiles :
It's really not my type of music. Ce n'est vraiment pas mon style de musique.
Yes, I like this song a lot. Oui, j'aime beaucoup cette chanson.
I think the band members are cute. Je pense que les membres du groupe sont mignons.
I don't like boy bands at all. Je n'aime du tout les boys band.
I don't understand the meaning of the song. Je ne comprends pas le sens de la chanson.
I love the melody. J'adore la mélodie.

10 Un débat

(a) Dans la critique du film « Visage Villages », on dit « *qu'ils transforment de simples murs en œuvres d'art* ». Avec un partenaire, proposez au moins deux moyens pour transformer un mur en œuvres d'art.

(b) Le photographe JR est artiste de street art. Que pensez-vous du street art ? Pensez à au moins deux côtés positifs et deux côtés négatifs du street-art.

(c) « *Le Street Art transforme de simples murs en œuvres d'art* », êtes-vous d'accord ? Divisez la classe en deux – un groupe est d'accord, l'autre groupe n'est pas d'accord.

Le débat – comment ça se déroule

1. Divisez la classe en deux groupes.

2. Les deux groupes ont un point de vue différent : **oui** ou **non** pour la thèse.

3. Trouvez <u>au moins</u> trois arguments pour défendre votre point de vue.

4. Essayez de trouver des points originaux et/ou amusants.

5. N'ayez pas peur de donner des exemples personnels.

6. Commencez avec « Mesdames et Messieurs,

je vais vous parler de … Je suis pour/contre la thèse ».

7. Introduisez les trois arguments avec « D'abord … / ensuite … / finalement … ».

8. Utilisez les phrases pour les débats page 160.

9. Décidez qui seront les orateurs/oratrices.

10. Chaque orateur/oratrice va parler pendant une minute.

11 La compréhension orale

Écoutez et répondez aux questions en anglais :

(a) Deux élèves, Camille et Jean-Paul parlent d'une visite scolaire au musée.
1. How does Camille describe the trip to the museum?
2. What did Jean-Paul think of the museum?
3. What does Jean-Paul say about impressionism?
4. What type of art does Jean-Paul prefer?
5. Where did Jean-Paul see his favourite artist's painting?
6. When did Jean-Paul go there?
7. Name one adjective that Camille uses to describe impressionism.
8. Name one feature of impressionism that Camille likes.
9. Who is Camille's favourite artist?
10. What did Camille bring back from her visit to Paris?

(b) Trois jeunes, Claude, Lucille et Fiona, parlent du Street Art.
1. Where is the graffiti located?
2. What does Fiona think about graffiti?
3. What is Banksy famous for?
4. What kind of images does Banksy create, according to Fiona?
5. What is Claude going to ask the art teacher to do?
6. According to Claude, what should be done in public places?
7. According to Lucille, what can Street Art be used for?
8. Where does Lucille suggest creating a piece of art work?
9. According to Claude, why is it a good idea?

(c) Deux cousins, Kasim et Shayma, parlent des vacances à Bruxelles.
1. What has Shayma done with her holiday photos?
2. Where is she going to put the photos?
3. What did Karim like about Brussels? Give one detail.
4. What kind of art is Magritte famous for?
5. How does Karim describe Magritte's paintings? Give one detail.
6. What does Shayma compare surrealist paintings to?
7. Where did they see the giant murals?
8. What kind of murals is Brussels famous for?
9. Which murals did Karim prefer?
10. According to Shayma, what is Brussels full of?

12 On pratique

Exercice 1. Traduisez les mots en français et complétez les mots croisés :

HORIZONTAL

2   Museum (le_____)
3   Graffiti (le _____)
6   Painting (le _____)
7   Photograph (la _____)
10 Filmmaker (le _____)
12 Colour (la_____)
13 Photographer (le _____)
14 SchoolTrip (Un _____)

VERTICAL

1   Painter (le _____)
2   Housework (le _____)
4   Camera (Un _____)
5   Scenery (le _____)
8   Frame (le _____)
9   Village (le _____)
11 Journey (le _____)

Exercice 2.

(a) Entourez tous les peintres français (il y en a cinq) :

Paul Cézanne – Edgar Degas – Pablo Picasso – Claude Monet – Andy Warhol – Vincent Van Gogh –
Pierre-Auguste Renoir – Camille Pissarro

(b) Répondez vrai ou faux aux questions suivantes :

		Vrai	Faux
1.	L'impressionnisme est un mouvement artistique.		
2.	L'impressionnisme a été créé à Dublin au 20ème siècle.		
3.	Edgar Degas a été inspiré par des danseuses.		
4.	Vincent Van Gogh est connu pour le Pop Art.		
5.	Le Louvre est un musée d'Art à Paris.		

CHAPITER 2 / L'ART

Exercice 3. Les verbes réguliers au passé composé.

(a) Complétez les phrases avec l'auxiliaire « avoir » et le participe-passé du verbe :

1. J' _____ _____ un sandwich à midi. **(manger)**
2. Il _____ _____ dans la chorale. **(chanter)**
3. Tu _____ _____ un film pour ce soir ? **(choisir)**
4. Elle _____ _____ à manger au chien. **(donner)**
5. On _____ _____ le bus pendant une heure. **(attendre)**
6. Nous _____ _____ la voiture le week-end dernier. **(vendre)**
7. Paul et Sarah _____ _____ au loto ! **(gagner)**
8. Élodie et moi _____ _____ le gâteau. **(finir)**
9. Ils _____ _____ au foot hier. **(jouer)**
10. J'_____ _____ comme un bébé. **(dormir)**

(b) Écrivez les phrases à la forme négative.

Exercice 4. Complétez le tableau avec le participe-passé des verbes irréguliers et donnez la traduction anglaise.

Verbe	Participe-Passé	Traduction anglaise du participe passé
voir		
lire		
boire		
pouvoir		
courir		
devoir		
connaître		
ouvrir		
offrir		
faire		

Exercice 5. Les verbes avec l'auxiliaire « être » au passé composé.

(a) Complétez les phrases avec l'auxiliaire « étre » et le participe-passé du verbe :

1. Je _____ _____ en ville avec mon petit frère. **(descendre)**
2. Noah _____ _____ sur la colline tout seul. **(monter)**
3. Tu _____ _____ après le film. **(rentrer)**
4. Mélanie _____ _____ me voir après l'école. **(venir)**
5. Hier, nous _____ _____ ensemble au cinéma. **(sortir)**
6. Samedi dernier, vous _____ _____ faire une promenade au bord de la mer. **(partir)**

7. Théo et Juliette _____ _____ en 2001. **(naître)**
8. Ils _____ _____ en retard à cause de la neige. **(arriver)**
9. Je _____ _____ à la cantine pour manger mon déjeuner. **(rester)**
10. Il y a deux jours, nous _____ _____ au musée. **(aller)**

(b) Écrivez les phrases à la forme négative.

Exercice 6. Choisissez une des photos et répondez aux questions.

1. Écrivez un titre pour la photo.
2. La photo a été prise à quel endroit ?
3. Qui est sur la photo ?
4. Quels sentiments ressentez-vous quand vous voyez la photo ?
5. Décrivez ce qui se passe sur la photo.
6. Écrivez ce qui vient de se passer.

3

LE MONDE FRANCOPHONE

Chapitre 3 Le monde francophone

In this chapter you will:

- Test your knowledge of *La Francophonie*.
- Get to know some francophone countries and cities.
- Sing popular songs of *La Francophonie*.
- Learn about *'la télévision francophone'*.
- Discover Stromae : *Un artiste francophone*.
- Compare two French information websites.
- Listen to dialogues.

La grammaire :	La culture :
Les prépositions : à / au / en / aux	Les chaînes françaises dans le monde
Le futur simple	La chanson « Senégal fast-food »

1 Un quiz

LA FRANCE

(a) Que savez-vous sur la France et la francophonie ? Par petits groupes, répondez aux questions du quiz. Écrivez vos réponses sur une feuille. Vous pouvez utiliser internet pour vous aider.

1. **Ces 3 îles sont situées dans la mer des Caraïbes. Laquelle n'est pas française ?**
   (a) Puerto Rico
   (b) La Guadeloupe
   (c) La Martinique

2. **Lequel de ces pays africains n'est pas francophone ?**
   (a) Le Mali
   (b) La Tanzanie
   (c) Le Sénégal

3. **Quel état des États-Unis a un héritage colonial français ?**
   (a) La Louisiane
   (b) Le Texas
   (c) Le Colorado

4. **À quel pays Napoléon a-t-il vendu la Nouvelle-Orléans ?**
   (a) L'Espagne
   (b) La France
   (c) Les États-Unis

5. **Quelle chaîne de télévision française trouve-t-on dans de nombreux pays du monde ?**
   (a) TV5 Monde
   (b) BBC
   (c) RTÉ 1

6. **L'organisation internationale de la francophonie regroupe combien de pays ?**
   (a) 92
   (b) 49
   (c) 88

7. **Le français est la langue officielle au Mali. Quelle est la capitale du Mali ?**
   (a) Mopti
   (b) Bamako
   (c) Dakar

8. **La Nouvelle-Calédonie est un territoire français qui se trouve dans quel océan ?**
   (a) L'océan Pacifique Sud
   (b) L'océan Atlantique
   (c) L'océan Indien

9. **Quelle île de la Méditerranée appartient à la France ?**
   (a) La Sardaigne
   (b) La Guyane
   (c) La Corse

10. **Dans quelle ville d'Afrique parle-t-on le plus français ?**
    (a) Kinshasa
    (b) Mumbai
    (c) Abidjan

(b) Échangez les feuilles de réponses avec un autre groupe. Corrigez les réponses avec le PowerPoint.

(Cliquez ou allez sur le site **mentorbooks.ie/resources** et choisissez l'option TY French/ Chapitre 3/Quiz answer

2 Une chanson

(a) Allez sur YouTube et tapez « Sénégal Fast-food ». Écoutez la chanson. Vous allez entendre le nom de beaucoup de pays et villes du monde. Remplissez le tableau ci-dessous dans le cahier.

Les pays	Les villes / quartiers

(b) Écoutez la correction et cochez (✔) les bonnes réponses.

(c) Écoutez à nouveau et corrigez votre travail.

(d) Pour voir la fiche d'activité sur les paroles, cliquez ✍ ou allez sur le site de **mentorbooks.ie/resources** et choisissez l'option TY French/Chapitre 3/ Une chanson.

Il est minuit à Tokyo

Il est cinq heures au Mali

Quelle heure est-il au Paradis ?

Il est minuit à Tokyo

Il est cinq heures au Mali

Quelle heure est-il au Paradis ?

(e) On lit. Lisez l'article et répondez aux questions en anglais :

Manu Chao

- Métier : **chanteur**
- Nom de naissance : **José-Manuel Thomas Arthur Chao**
- Signe : **Cancer**
- Date de naissance : **mercredi 21 juin 1961**
- Pays : **France**

José-Manuel Thomas Arthur Chao, plus connu sous le nom de **Manu Chao,** est né le 21 juin 1961, de parents espagnols. C'est dès 1971, qu'il s'initie à la musique et apprend avec son père, lui-même musicien, à jouer du piano.

Manu Chao opte ensuite pour la guitare et, en 1976, crée son premier groupe Joint de Culasse. Avec son frère **Antoine Chao** et son cousin **Santiago Casariego,** il reprend des classiques du rock. Puis, en 1984, il forme, avec son cousin, les Hot Pants, dans un style rockabilly hispano-anglophone et compose notamment une chanson : *Mala vida.* Deux ans plus tard, il fonde Los Carayos avec, notamment, **François Hadji–Lazaro** (Les Garçons bouchers, Pigalle).

C'est en 1987 qu'apparaît **La Mano Negra**. Les musiciens reprennent alors *Mala Vida* qui devient un très gros succès et le groupe se fait un nom. Après la séparation du groupe, **Manu Chao** voyage pendant huit ans et composera l'album *Clandestino* au cours de ce périple. Il entreprend alors une carrière solo, mais considère l'album *Clandestino* comme son dernier. Il connaît cependant un grand succès et sort en 2000 un deuxième album, *Próxima Estación: Esperanza.*

Manu Chao alterne ensuite projets solo, collaborations (comme l'album *Dimanche à Bamako* pour Amadou et Mariam qu'il produit et réalise) et représentations avec son groupe Radio Bemba, créé à la fin des années 90. Pour plus d'informations, allez sur http://www.manuchao.net/

1. What is Manu Chao's real name?
2. What is his star sign?
3. When was he born?
4. What was his first musical instrument?
5. Name two of the bands he played in.

(f) Écrivez le profil d'un célèbre musicien irlandais. Utilisez les phrases du Coup de Pouce pour vous aider.

Coup de pouce

Les phrases utiles :
He/she comes from ... Il / elle vient de ...
He/she plays ... Il / elle joue de / d' ...
He/she is famous for ... Il / elle est célèbre pour ...
My favourite song is ... Ma chanson préférée est ...
What I like about this artist is ... Ce que j'aime chez cet/cette, artiste c'est ...

(g) Connaissez-vous toutes les villes et tous les pays de la chanson ? Par groupes, faites des phrases pour localiser les différentes villes et les différents pays de la chanson, comme dans l'exemple.

Exemples : Manhattan, c'est à New York, aux États-Unis.
   Dakar, c'est ...
   Le Sénégal, c'est ...

Coup de pouce

To say 'to' / 'in' / or 'at' we use the preposition 'à' :
- always use 'à' + city   Je suis <u>à</u> Londres.
- au + masculine country   Je vais <u>au</u> Mali.
- en + feminine country   J'habite <u>en</u> France.
- aux + plural country   Je passe l'été <u>aux</u> États-Unis.

(h) (Entourez) la bonne préposition dans chaque phrase.

1. Je pars à/au Canada.
2. Ils vont en vacances en/à Bruxelles.
3. Mes amies sont au/en Russie pour un mariage.
4. Les parents de Paul aiment passer l'hiver à/au Genève.
5. Au/Aux Pays-Bas, il fait froid l'hiver.
6. En/Au Grèce, les paysages sont magnifiques.
7. En /À Dublin, il y a beaucoup de choses à visiter.
8. Mon frère va en vacances au/en Tanzanie à Noël.
9. Mes élèves partent en voyage scolaire à/au Munich en avril.
10. J'adore aller à la plage au/à Portugal.

(i) Où es-tu?

1. Chaque élève écrit le nom d'un pays sur une feuille.
2. Les élèves doivent deviner (guess) où il est. Pour vous aider à deviner, vous pouvez poser les questions suivantes !

Tu es en Afrique / en Europe / en Amérique / en Asie / en Océanie ?

Tu parles anglais / français / arabe / chinois ... ?

Je sais ! Tu es à ... au ... en ...

3 Un pays francophone : le Mali

(a) On s'entraîne pour le bac. Lisez l'article et trouvez les expressions 1 à 9.

À table ! L'Economie dans l'assiette. Au Mali, devant un mafé
Par Frédérique Harrus@GeopolisAfrique

Alors que le Mali fait souvent la une de l'actualité pour de tristes raisons, découvrons ce très grand pays dans ce qu'il a de savoureux : le mafé. Un tiers de la surface du pays lui fournit tous les ingrédients nécessaires à la fabrication de ce plat généreux.

Le Mali est un très grand pays de 1,2 millions de kilomètres carrés, plus du double de la France métropolitaine, doté d'étranges frontières tirées à la règle dans le désert du Sahara. Seul un tiers du pays, au sud-est, a une surface agricole utile, le reste étant désertique.

Faiblement peuplé au regard de sa taille, c'est un pays agricole, premier producteur africain de coton. Les productions vivrières sont essentiellement composées de maïs, de riz, de mil et de sorgho. La répartition par culture donne 36,1% de maïs, 30,7% de riz, 17% de mil et 15,5% de sorgho.

L'eau est là

Contrairement à l'image qu'on peut en avoir, le Mali a de l'eau, beaucoup d'eau, même. Mais ce qui rejoint l'idée reçue, c'est sa mauvaise répartition tant dans l'espace que dans le temps.

Toutes les ressources en eau, venues du fleuve Niger et de ses affluents, se trouvent dans le fameux tiers sud-est précédemment cité. Elles sont abondantes, mais mal gérées et avec beaucoup de déperdition, quand elles ne sont pas polluées.

Les précipitations sont très inégalement réparties dans le temps. Il pleut sur 3-4 mois d'affilée et essentiellement dans la région sud-est. La proportion de précipitations varie de 1 à 10, entre Tombouctou au nord avec 175 mm de pluie annuels, contre 1500 mm à Sikasso au sud-est.

Tout est bon pour garder l'eau.

Les Maliens s'organisent pour récupérer et garder un maximum d'eau. Cuves pour collecter et stocker l'eau de pluie, mini-barrages de rétention et, ces dernières années, ils ont aussi expérimenté la pluie provoquée. Après avoir constaté que régulièrement des nuages de pluie passaient, mais allaient crever plus loin, et donc larguer leur précieuse cargaison ailleurs, les Maliens ont résolu le problème en « crevant » les nuages au-dessus du Mali. L'analyse statistique de cette méthode a montré une augmentation moyenne de 16,8% du nombre de jours de pluie par rapport à la normale. La comparaison des productions agricoles de la campagne 2016-2017 à la moyenne de celles des campagnes agricoles de 2000 à 2005 a montré une amélioration de 57% pour l'ensemble des cultures et 35% pour le coton.

Coup de pouce

In your Leaving Cert exam, you are often asked *'Relevez l'expression'* or *'Relevez la phrase'*. *'Relevez'* means to quote so you have to quote part of a sentence *'une expression'* or a full sentence *'une phrase'* from the text.

Dans le texte :

1. Relevez l'expression qui indique que les informations du Mali sont souvent mauvaises.
2. Relevez l'expression qui indique que le Mali est plus grand que la France.
3. Relevez l'expression qui indique que la population du Mali est peu importante.
4. Relevez la phrase qui indique que le Mali est un pays riche en eau.
5. Relevez l'expression qui indique d'où vient l'eau au Mali.
6. Relevez l'expression qui explique les problèmes liés à l'eau.
7. Relevez l'expression qui indique le temps dans le sud-est du Mali.
8. Trouvez 2 villes maliennes citées dans le texte.
9. Relevez la phrase qui indique que les maliens ne veulent pas gaspiller l'eau.

(17) (b) Écoutez Yasmine qui revient tout juste d'un voyage au Mali et répondez aux questions. Vous pouvez lire le texte en même temps pour vous aider.

Le Mali

Yasmine : Moi je suis en pleine forme. J'ai passé un mois au Mali avec mon petit-ami Martin. On a adoré ce pays ! Nous avons pris l'avion à Paris et nous avons atterri à Bamako, la capitale du Mali. Le vol dure 5 heures et quarante minutes, ce n'est pas trop long. En plus, j'ai regardé un film dans l'avion donc le temps est passé vite !

Mopti

Le Mali est un très grand pays d'Afrique de l'ouest. C'est le huitième plus grand pays d'Afrique. Il y a 18 millions d'habitants là-bas. La plupart des habitants vivent dans le sud car au nord il y a le désert du Sahara. Avec Martin nous avons passé une semaine dans le désert. Il faisait chaud, il fallait bien se couvrir pour ne pas attraper des gros coups de soleil.

En revenant du désert, nous nous sommes arrêtés 3 jours à Mopti, une ville malienne dans le centre du Mali. J'ai aimé visiter cette ville car les gens sont vraiment gentils. Ils nous ont accueillis comme des amis. Le Mali, c'est vraiment beau comme pays. C'est complètement différent comparé à ma ville, comme on peut le voir sur la photo. Le dépaysement est total ! Et la nourriture malienne, c'est délicieux. Ce qu'ils cuisinent est tellement simple mais c'est goûteux. Martin qui adore manger a adoré la cuisine malienne. Nous n'oublierons jamais ce voyage.

1. How long did Yasmine stay in Mali?
2. Who did she go with?
3. How did she get there? How long did it take?
4. How does she describe Mali? (3 things)
5. What does she say about the weather?
6. Where is Mopti?
7. Did she like the town of Mopti? (Why / why not?)
8. Which aspect of the trip did Martin prefer?

(18) (c) Écoutez 3 autres personnes parler de leurs voyages et complétez le tableau.

	Time spent there	Travelled with	Length of trip	Details about the place	What they liked most
Armand					
Suzanne					
Charlie					

4 Le document

(a) Le document pour l'oral : **Mon meilleur souvenir de vacances.** Trouvez une photo de vacances ou une image d'un endroit (a place) où vous voudriez aller en vacances. Écrivez une description de cette photo / image. Dans votre description, répondez aux questions suivantes.

1. Combien de temps as-tu passé / aimerais-tu passer là-bas ?
2. Avec qui as-tu voyagé / aimerais-tu voyager?
3. Combien de temps le voyage dure-t-il pour aller là-bas?
4. Comment c'est là-bas ?
5. Qu'est-ce que tu préfères là-bas ?

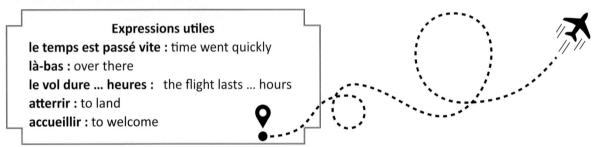

> **Expressions utiles**
> **le temps est passé vite :** time went quickly
> **là-bas :** over there
> **le vol dure … heures :** the flight lasts … hours
> **atterrir :** to land
> **accueillir :** to welcome

(b) Complétez la fiche du document.

Cliquez [icon] ou allez sur le site **mentorbooks.ie/resources** et choisissez l'option TY French/Chapitre 3/La fiche du document.

(c) Lisez la description plusieurs fois et enregistrez votre description sur votre portable. Montrez la photo à un partenaire et présentez votre description.

5 La télévision francophone dans le monde

(a) Regardez la liste des chaînes de télévision ci-dessous. Lesquelles sont françaises ? Entourez-les. Si elles ne sont pas françaises, devinez le pays.

France 24	Al Jazeera	TF1	BBC2	ITV
France 3	CNN	BBC1	M6	MTV
BFMTV	RTE 2	TV5MONDE	EURONEWS	CNBC

(b) Écoutez les réponses et corrigez votre travail.

(c) Lisez l'article et trouvez les mots et expressions en français dans l'article ci-dessous.

La télé française partout dans le monde

La nouvelle chaîne de télévision France 24 commence à émettre aujourd'hui sur internet. C'est la première chaîne d'information internationale en continu représentant la France à l'étranger.

De l'info continu 24 heures sur 24, 7 jours sur 7 pour la première fois. France 24 a pour ambition d'être une chaîne internationale regardée partout dans le monde.

FRANCE 24

Ainsi, elle devrait présenter la vision Française de l'actualité, comme le font déjà CNN (États-Unis), BBC World (Royaume-Uni), Al Jazeera (Pays Arabes). Jusqu'ici l'information internationale était donc surtout diffusée par des pays anglo-saxons.

France 24 est diffusée aujourd'hui sur internet, mais elle devrait être visible à partir de demain 20h30 sur le câble et le satellite, en Europe, au Proche et au Moyen-Orient, en Afrique, À New York et à Washington. La chaîne sera diffusée sur deux canaux, l'un en français et l'autre au ¾ anglais et à ¼ français. En 2007, elle sera diffusée en arabe puis en espagnol en 2009.

1. Channel
2. To broadcast
3. 24 hours a day
4. 7 days a week
5. Abroad
6. Current affairs
7. Everywhere in the world

(d) Répondez aux questions en français :
1. En quoi **France 24** est-elle différente des autres chaînes ?
2. Quelle est l'ambition de la chaîne **France 24** ?
3. Dans quelles parties du monde peut-on regarder **France 24** ?
4. Pourquoi l'auteur de l'article parle de 2007 et de 2009 ?

(e) Écoutez Valérie qui parle de la chaîne de télévision et du site internet **TV5 Monde** qu'elle adore. Remplissez le tableau en anglais.

	TV5 MONDE : Valérie donne son opinion
Give two examples of interesting TV programmes she likes.	
What films does she watch with her sisters?	
What does she say about the different sections of the website?	
What does she think of the front page of the website?	
Which section tells you what is happening now around the world?	
Which section does Sorcha like?	
Which is Valérie's favourite section?	

(f) Comparons deux grands sites d'informations français. Allez sur les sites d'informations de **France 24** et **BFMTV** et comparez les deux sites. Pour chaque section, dites quel site **France 24** ou **BFMTV** vous préférez et expliquez votre choix.
1. La meilleure page d'accueil est **France24** parce que c'est plus clair.
2. Le meilleur choix de rubriques est _____ parce que _____.
3. Le meilleur site pour étudiants en français est _____ parce que _____.
4. Le site le mieux organisé / le plus clair est _____ parce que _____.
5. Le meilleur site pour les infos en direct est _____ parce que _____.
6. Votre rubrique préférée est _____ parce que _____.

(g) Mon émission préférée. Regardez les différents titres de programmes télévisés / émissions télévisées diffusées sur **TV5 Monde** et décidez du thème de l'émission parmi les thèmes suivants. Pour corriger, allez sur le site de **TV5 Monde** et trouvez les réponses.

(a) Langue française   **(b) Émission musicale**   (c) Environnement

(d) Entretien   **(e) Information**   (f) Culture   (g) Art de Vivre

(h) Reportages   (i) Automobile

1. L'invité
2. Ça roule !
3. Acoustic
4. 7 jours sur la planète
5. Épicerie fine

6. Coup de pouce pour la planète
7. 21ème siècle
8. Merci professeur
9. 300 millions de critique

1.	2.	3.	4.	5.	6.	7.	8.	9.

(h) Allez sur le site de **TV5 Monde**. Cliquez sur la rubrique TV et allez dans « émissions ». Regardez une émission que vous aimez et remplissez la fiche info pour présenter l'émission à votre classe. (Cliquez 🖱 ou allez sur le site **mentorbooks.ie/resources** et choisissez l'option TY French/ Chapitre 3/La fiche.)

6 Un artiste francophone

(a) Écoutez Muriel qui vous présente Stromae et remplissez la fiche d'identité.

Nom : _____

Prénom : _____

Nom d'artiste de scène : _____

Lieu de naissance : _____

Date de naissance : _____

Nationalité du père : _____

Nationalité de la mère : _____

Profession du père : _____

Lieu de résidence : _____

Frères / sœurs : _____

Instruments de musique : _____

Première influence : _____

Styles de musique : _____

Année de début de carrière : _____

Talents : _____

Personnalité : _____

(b) Allez sur YouTube et tapez « Stromae Papaoutai ». Regardez le clip vidéo. Regardez encore le clip et complétez les blancs dans la chanson (vous pouvez regarder le clip avec les paroles).

Papaoutai Stromae

Dites-moi d'où il vient
Enfin je **(1)** _____ où je vais
Maman dit que lorsqu'on cherche bien
On finit toujours par trouver
Elle dit qu'il n'est jamais très loin
Qu'il part très souvent travailler
Maman dit "travailler c'est bien"
Bien mieux qu'être mal accompagné
Pas vrai ?

Où est ton papa ?
Dis-moi où est ton papa ?
Sans même devoir lui parler
Il sait ce qui ne va pas
Ah sacré papa
Dis-moi où es-tu caché ?
Ça doit, faire au moins mille fois que j'ai
Compté mes doigts
Hey !

[Refrain]
Où t'es, papaoutai?
Où t'es, papaoutai?
Où t'es, papaoutai?
Où t'es, où t'es où, papaoutai ?
Où t'es, papaoutai ?
Où t'es, papaoutai ?
Où t'es, papaoutai ?
Où t'es, où t'es où, papaoutai ?
Où t'es
Où t'es...

Quoi, qu'on y croit ou pas
Y _____ bien un jour où on n'y **(3)** _____
plus
Un jour ou l'autre on **(4)** _____ tous papa
Et d'un jour à l'autre on **(5)** _____ disparu
(6) _____-nous détestables ?
(7) _____-nous admirables ?
Des géniteurs ou des génies ?
Dites-nous qui donne naissance aux irresponsables ?
Ah dites-nous qui, tiens
Tout le monde sait comment on fait des bébés
Mais personne sait comment on fait des papas
Monsieur Je-sais-tout en aurait hérité, c'est ça
Faut l'sucer d'son pouce ou quoi ?
Dites-nous où c'est caché, ça doit
Faire au moins mille fois qu'on a
Bouffé nos doigts
Hey !

[Refrain]
Où t'es, papaoutai?
Où t'es, papaoutai?
Où t'es, papaoutai?
Où t'es, où t'es où, papaoutai ?
Où t'es, papaoutai ?
Où t'es, papaoutai ?
Où t'es, papaoutai ?
Où t'es, où t'es où, papaoutai ?
Où t'es
Où t'es...

Stop Think

All the words missing in the song are **verbs**. What tense are they in?
When do you use this tense? How does it work in English?
How would you explain it to a French student learning English?

7 Un peu de grammaire

Le futur simple

This tense literally means the simple future. It is simple because you just need to use the entire verb as a stem (the infinitive of '**-er**' and '**-ir**' verbs) and just add the correct endings.

Les verbes réguliers

Pronoms sujets	Terminaisons
Je	-ai
Tu	-as
Il/elle/on	-a
Nous	-ons
Vous	-ez
Ils/elles	-ont

(a) Complétez les verbes avec la bonne terminaison et écrivez la traduction anglaise.

Manger	Anglais
Je manger_____ au bistrot.	I will eat at the bistrot.
Tu manger_____ au bistrot.	
Il/elle/on manger_____ au bistrot.	
Nous manger_____ au bistrot.	
Vous manger_____ au bistrot.	
Ils/elles manger_____ au bistrot.	

(b) For '**-re**' verbs, get rid of the '**e**' and add the correct ending. Complétez les verbes en **–re** avec la bonne terminaison et écrivez la traduction anglaise :

Vendre	Anglais
Je vendr_____ ma voiture.	I will sell the car.
Tu vendr_____ ta voiture.	
Il/elle/on vendr_____ sa voiture.	
Nous vendr_____ la voiture.	
Vous vendr_____ la voiture.	
Ils / elles vendr_____ la voiture.	

(c) Comment dit-on en français ? Utiliser ces verbes pour traduire les phrases.

| donner | passer | écrire | organiser | vendre | voyager |

1. Stromae will travel around the world.
2. He will sell a lot of CDs.
3. He will give some money to charities.
4. He will write new songs.
5. He will organise a tour.
6. He will spend the winter at home with his family.

Les verbes irréguliers

Être et **avoir** au futur : Très important! Apprenez-les par cœur !

Avoir
J'aurai - **I will have**
Tu auras
Il/Elle/on aura
Nous aurons
Vous aurez
Ils/Elles auront

Être
Je serai - **I will be**
Tu seras
Il/Elle/on sera
Nous serons
Vous serez
Ils/Elles seront

Les autres verbes irréguliers
verb - stem - futur - anglais

- aller → ir → j'irai - I will go
- faire → fer → je ferai - I will do
- pouvoir → pourr → je pourrai - I will be able to
- devoir → devr → je devrai - I will have to
- savoir → saur → je saurai - I will know
- venir → viendr → je viendrai - I will come
- voir → verr → je verrai - I will see
- vouloir → voudr → je voudrai - I will like/want
- envoyer → enverr → j'enverrai - I will send
- recevoir → recevr → je recevrai - I will receive / get
- pleuvoir → pleuvr → il pleuvra - It will rain

For those 2 verbs ending in -**yer,** change **y** to **i** in all forms of the future tense:
▷ nettoyer → nettoier → je nettoierai - I will clean
▷ essayer → essaier → j'essaierai - I will try

With **appeler** and **jeter,** double the consonant in the future tense:
▷ appeler → appeller → j'appellerai - I will call
▷ jeter → jetter → je jetterai - I will throw

(d) Comment dit-on en français ? Utiliser ces verbes pour traduire les phrases :

recevoir être avoir aller vouloir essayer

1. Stromae will be famous around the world.
2. He will go on tour in a lot of countries.
3. He will get a lot of prizes.
4. He will try to meet some fans.
5. He will want to compose new songs.
6. He will have a huge career.

(e) Vous êtes journaliste pour le journal français ***Aujourd'hui en France.*** Vous avez vu Stromae en concert et vous avez interviewé Stromae. Il est très sympa et talentueux. Écrivez un article au futur sur Stromae. Ajoutez des photos de l'artiste si vous pouvez !

8 La compréhension orale

(a) Deux élèves, Carole et Arnaud parlent d'un récent voyage à l'île Maurice. Écoutez le dialogue et répondez aux questions en anglais.

1. What does Carole say about the weather in l'île Maurice?
2. What did Arnaud love and why?
3. What problem does Arnaud mention?
4. What does Carole think about it?
5. What would Carole like to do next time?
6. Which water sport does Carole prefer?
7. Which family member does Carole mention and why?
8. Which water sport would Arnaud like to try?
9. Where would they like to go on holidays next?
10. What does Carole think about it?

(b) Trois jeunes, Carine, Richard et Quentin parlent de Stromae. Écoutez le dialogue et répondez aux questions en anglais.

1. What did Carine watch on Friday night?
2. What was Richard doing on Friday night?
3. What does Carine say about **France 24**?
4. Which channel was she watching on Friday night?
5. Which famous French movie does she mention?
6. Why was Quentin tired on Friday night?
7. What is Stromae passionate about?
8. What does Richard think of the **TV5 Monde** website?
9. What does Quentin suggest they should do?

(c) Lucas et Ahmed préparent leur voyage en Guyane Française. Écoutez le dialogue et répondez aux questions en anglais.

1. At what time will Ahmed and Lucas be in Cayenne?
2. How long will it take them to get to the hotel?
3. Why does Ahmed want to take the bus?
4. When is the last bus leaving the airport?
5. How much does the bus cost?
6. Why will Lucas send an email to the hotel?
7. What will Ahmed do?
8. What does Ahmed want to visit?
9. Where does Lucas want to go?
10. What is Lucas in charge of?

9 On pratique

Exercice 1. Complétez les mots-croisés avec les verbes ci-dessous au futur simple.

Horizontal

3. Vendre (elle)
4. Parler (nous)
8. Avoir (tu)
10. Jeter (je)

Vertical

1. Finir (tu)
2. Aller (elles)
5. Recevoir (vous)
6. Être (je)
7. Voir (ils)
9. Faire (vous)

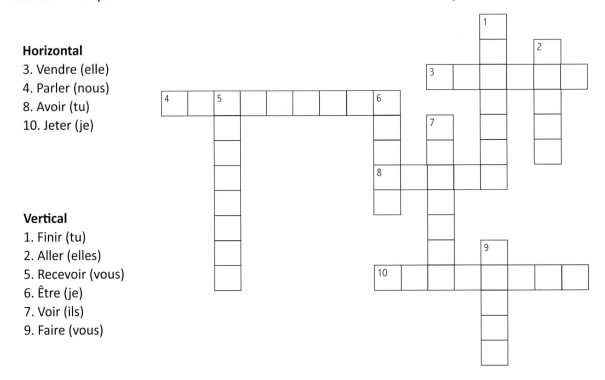

Exercice 2. Complétez les phrases avec la bonne préposition à/au/en/aux.

1. Il est _____ Bamako avec ses amis.
2. Nos cousins vont _____ Pologne à Pâques.
3. Rachel et son copain sont _____ Maroc en ce moment.
4. Tu es _____ Suisse pour combien de temps ?
5. Comment va-t-il _____ Nice cet été ?
6. Tu vis _____ Helsinki depuis trois ans.
7. _____ New York, _____ États-Unis, nous aimons sortir le soir.
8. Elle travaille _____ Espagne pour perfectionner son espagnol.

Exercice 3. (a) Écrivez trois phrases pour chaque image en nommant la ville et le pays représentés par les images. Attention aux prépositions !

1. Je vis à ...
2. Je suis ...
3. Je vais ...

(b) Faites la même chose au futur.

1. Je vivrai à …
2. Je serai …
3. J'irai …

Exercice 4. (a) Complétez le texte de François avec les mots ci-dessous.

reportages   match   informations   culturels   sur

mode   entretien   émission   séries télévision

Le weekend, j'aime me reposer. Le vendredi soir, je me détends

(1) _____ mon canapé en regardant un peu la (2) _____. Sur RTÉ 1, il y a une (3)

_____ avec mon présentateur préféré, Ryan Tubridy. Des célébrités et invités répondent aux

questions du présentateur lors d'un court (4) _____. J'ai commencé à regarder des

(5) _____ avec mes parents. Ils sont vraiment fascinants. Les (6) _____

comme EastEnders ne m'intéressent pas du tout. J'essaie de regarder les (7) _____ tous

les jours, je pense que c'est important. Mes amies sont passionnées par la (8) _____ mais moi, je

n'aime pas trop ça. À vrai dire, je préfère regarder un (9) _____ de hurling avec mon frère

plutôt que de passer vingt minutes devant une émission qui ne parle que de vêtements et chaussures !

Et toi, qu'est-ce que tu regardes à la télé le weekend ?

(b) Répondez à François en écrivant un petit paragraphe sur ce que vous regardez à la télé le week-end.

Exercice 5. Allez sur YouTube et tapez « Ma révolution Bande annonce ». Regardez la bande-annonce et écrivez votre critique. Expliquez pourquoi vous voulez / ne voulez pas voir ce film. Aidez-vous de la **section 6** du **chapitre 1** (page 20), avec les commentaires de Manu et Lou sur le film À vif.

4

LE CINÉMA

Chapitre 4 Le cinéma

In this chapter you will:

- Identify the different genres of film.
- Describe your favourite film.
- Understand a newspaper article about a new film release.
- Talk about what happened in a film you have seen.
- Discuss film themes.
- Write a description of a film.
- Listen to young French people talking about films.
- Present your favourite film.

La grammaire :
L'imparfait

La culture :
Les films français
Les acteurs français
La chanson « On savait (devenir grand) »

1 Un quiz

(a) Que savez-vous sur le cinéma français ? Par petits groupes, répondez aux questions du quiz ! Écrivez vos réponses sur une feuille. Vous pouvez utiliser internet pour vous aider.

1. **Qui est un acteur français ?**
    (a) Charlie Chaplin
    (b) Romain Duris
    (c) Benicio del Toro

2. **Quelle actrice n'est pas française ?**
    (a) Marion Cotillard
    (b) Mélanie Laurent
    (c) Keira Knightley

3. **Quel film français a gagné cinq Oscars en 2011 ?**
    (a) L'Artiste
    (b) Le Peintre
    (c) Le Musicien

4. **Le film « les Choristes » parle d'une chorale dans un ...**
    (a) Internat
    (b) Supermarché
    (c) Musée

5. **Le père de l'acteur Omar Sy vient :**
    (a) De la Suisse
    (b) Du Sénégal
    (c) De la Belgique

6. **Complétez le titre du film : « Le Petit _____ »**
    (a) Michel
    (b) Nicolas
    (c) Pierre

7. **L'actrice Louane est aussi :**
    (a) Championne de Tennis
    (b) Artiste
    (c) Chanteuse

8. **Le film « Bienvenue Chez le Ch'tis » se passe :**
    (a) Dans le nord
    (b) Dans le sud
    (c) Dans l'ouest

9. **L'actrice Audrey Tautou est connue pour son rôle dans le film :**
    (a) Le Fabuleux Destin d'Anna Poulain
    (b) Le Fabuleux Destin d'Amélie Poulain
    (c) Le Fabuleux Destin d'Elizabeth Poulain

10. **« Ma Révolution » est un film qui décrit la vie d'un adolescent d'origine :**
    (a) Suisse
    (b) Anglaise
    (c) Tunisienne

(b) Échangez les feuilles de réponses avec un autre groupe. Corrigez les réponses avec le PowerPoint.

(c) Faites une liste de tous les films français que vous connaissez. Relisez le quiz pour vous aider.

(d) Partagez votre liste avec la classe et gardez une liste définitive dans votre cahier.

(Cliquez ou allez sur le site **mentorbooks.ie/resources** et choisissez l'option TY French/ Chapitre 4/Quiz answers.)

2 Le profil d'un réalisateur connu

(a) Regardez les affiches des deux films. Avec un partenaire, décrivez les affiches, y compris le titre.

A.   B.

(b) Allez sur YouTube et tapez « Bienvenue Chez les Ch'tis Bande Annonce » et « Rien à Déclarer bande-annonce ». Regardez les deux bandes annonces.

(c) Les deux films jouent sur un stéréotype français. Avec un partenaire, pensez aux stéréotypes qu'ils peuvent représenter.

(d) Lisez les phrases et cochez le film qu'elles décrivent :

Phrase	Film A	Film B
Ce film se passe à la campagne.		
Ce film se passe à la frontière entre deux pays, la France et la Belgique.		
Dany Boon joue le rôle principal dans le film.		
Ce film parle des différences entre le nord et le sud de la France.		
C'est une comédie.		
Dany Boon est le réalisateur du film.		

(e) Lisez le texte sur le réalisateur *(director)* et acteur, Dany Boon et répondez aux questions en français. Vous pouvez écouter le texte.

Dany Boon est un humoriste, acteur et réalisateur français. Il a commencé sa carrière comme humoriste pendant les années 1990. Il est né en 1966 à Armentières, dans le nord de la France. Il a eu un grand succès avec son premier film, « Bienvenue Chez les Ch'tis ». La région Nord-pas-de-Calais est un de ses thèmes préférés. Deux de ses films « Bienvenue Chez les Ch'tis » et « Rien à Déclarer » parlent des rivalités entre le Nord et le reste de la France ainsi que la Belgique. Ses films sont principalement des comédies mais il jouait aussi dans des comédies dramatiques, par exemple « Mon Meilleur Ami » et le drame historique « Joyeux Noël ». En 2013, il prêtait sa voix à Olaf dans le dessin animé « La Reine des Neiges ». Il partage souvent l'affiche avec d'autres vedettes du cinéma français, comme Daniel Auteuil et Kad Merad. Dernièrement, il a déménagé à Los Angeles où il a collaboré avec des cinéastes et des sociétés de production américaines.

1. À part acteur, quels sont les métiers de Dany Boon ?
2. Il est né dans quelle région de la France ?
3. Donnez le titre d'un de ses films qui se passe dans le Nord de la France.
4. Il est connu pour quel genre de film ?
5. Il prête sa voix principale dans quel dessin animé ? Quel est le titre anglais pour ce dessin animé ?
6. Où est-ce qu'il travaille en ce moment ?
7. Do you think Dany Boon has had a successful career? Give two reasons and support your answer with reference to the text. (Answer in English.)

(f) Est-ce qu'il y a un acteur ou réalisateur irlandais que vous admirez ? Pensez à votre acteur ou réalisateur préféré et complétez le tableau ci-dessous.

Mon Acteur / Réalisateur Préféré

Nom :	
Prénom :	
Date de naissance :	
Genre de ses films :	
Films connus :	
Pays d'activité :	
Collaborateurs professionnels :	

(g) Écrivez le profil de votre acteur ou réalisateur préféré.
(h) Présentez le profil à la classe, en poster ou PowerPoint.

3 Les genres de films

(a) Relisez le profil de Dany Boon.

(b) <u>Soulignez</u> les quatre genres de film dans le texte

(c) Remplissez le tableau avec la traduction française :

Anglais	Français
Comedy	
Dramatic comedy	
Historical drama	
Cartoon	

(d) Lisez les réponses de huit personnes qui répondent à la question « quel est ton genre de film préféré ? »

Quel est ton genre de film préféré ?

1. Mon genre de films préféré est le film d'aventure. Mon film préféré s'appelle « Le Premier Homme Sur La Lune ».

2. Même-si j'ai toujours peur, j'adore les films d'horreur. mon film préféré s'appelle « Halloween ».

3. Mon genre de films préféré est la comédie romantique. Je vais au cinéma chaque samedi avec ma petite-amie. Notre film préféré s'appelle « Ensemble C'est Tout ».

4. J'aime regarder des films sur Netflix. Mon genre de films préféré est le documentaire. Je trouve toujours les documentaires intéressants sur Netflix.

5. Je voyage beaucoup donc je regarde souvent des films sur mon ordinateur et ma tablette. Je préfère la science-fiction, par exemple « Interstellar ».

6. Mes amis et moi, nous faisons une Pyjama Party chaque week-end et nous regardons des films. Mon genre de films préféré est le drame, surtout le drame historique.

> 7. J'adore le cinéma ! C'est mon passe-temps favori. Mon genre de films préféré est le film fantastique. J'aime regarder des films en 3D. J'ai vu le film « La Momie » au cinéma en 3D.

> 8. Je regarde des films avec ma sœur. Nous nous disputons souvent au sujet des films. Moi, je préfère le film policier, ma sœur préfère les dessins animés de Disney.

(e) Complétez le tableau avec les genres de films. Les genres ne sont pas dans le bon ordre. Ensuite, écrivez les genres de films (il y a 8 genres) dans le cahier de vocabulaire :

Anglais	Français
Detective	
Romantic-comedy	
Drama	
Documentary	
Horror	
Fantasy	
Adventure	
Science-fiction	

(f) Écrivez dans le cahier, la question « Quel est ton genre de films préféré ? » et votre réponse. Donnez le plus de détails possible.

(g) Déplacez-vous dans la classe et posez la question à cinq personnes « *Quel est ton genre de films préféré ?* »

(h) Regardez les bandes-annonces de cinq films. Remplissez le tableau (avec le plus de détails possible) pour chaque film dans le cahier. Pour regarder les bandes-annonces, tapez sur YouTube :
1. Joyeux Noël bande-annonce
2. Intouchables bande-annonce
3. Ma Révolution bande-annonce
4. Populaire bande-annonce
5. Le Seigneur des Anneaux bande-annonce
6. Les Schtroumpfs et le Village Perdu bande-annonce

Titre du film	
Genre du film	
Date de sortie	
Réalisateur	
Acteurs	
Deux adjectifs pour décrire le film (votre avis)	

4 Un jeu

(a) Divisez la classe en groupes de deux, trois ou quatre élèves.

(b) Prenez une page et écrivez les titres suivants (Une page par groupe, laissez au moins une ligne entre chaque titre).
1. Genre de film :
2. Nom d'un acteur :
3. Nom d'une actrice :
4. Nom d'un méchant :
5. Un objet:
6. Un animal:
7. Un pays :
8. Deux adjectifs pour décrire le film :

(c) La première personne répond à la question 1, il/elle plie *(folds)* la page et il/elle passe la page au prochain joueur. Continuez jusqu' au dernier titre.

(d) Dépliez *(unfold)* la page et remplissez le paragraphe avec les réponses.

> C'est un(e) **(1)** _____. **(2)** _____ et **(3)** _____
> jouent les rôles principaux. Le méchant du film s'appelle **(4)** _____ . Il cherche le/la
>   **(5)** _____ avec l'aide de son/sa **(6)** _____. Le film se passe au/en/aux
> **(7)** _____ . C'est un film **(8)** _____ et _____ .

(e) Présentez votre film à la classe.
(f) Trouvez un titre pour le film et dessinez une fiche *(a poster)* pour votre film.

5 Le document

26 (a) Lisez la description du film préféré d'Elise. Vous pouvez écouter le texte.

Mon film préféré s'appelle « Batman vs Superman : L'aube de la Justice ». Quand j'étais petite, j'adorais les bandes-dessinées de DC. Alors, j'avais très envie de voir ce film. J'ai vu le film au cinéma avec ma bande d'amis. Il est sorti en 2016 et Ben Affleck et Henry Cavill jouent les rôles principaux. Les deux personnages principaux s'appellent Batman et Superman. Le film a été réalisé par Zack Snyder. Il s'agit d'un combat entre Batman et Superman, la première fois qu'on voit les deux superhéros sur le même écran. C'est un film d'action tourné à Gotham City. Les effets spéciaux sont magnifiques et la musique est émouvante. C'était un beau film, qui était drôle et triste en même temps !

(b) Trouvez la traduction française pour les phrases suivantes et écrivez les phrases dans le cahier.
1. It was released …
2. Play the main roles …
3. The two main characters …
4. The film was directed by …
5. It's about …
6. That takes place in …

(c) Pensez à votre film préféré. Répondez aux questions suivantes pour décrire votre film préféré.
- Comment s'appelle le film ?
- Quel est le genre du film ?
- Qui jouent les rôles principaux ?
- Comment s'appelle le réalisateur ?
- Quelle est l'histoire *(story)* du film ?
- Où se déroule l'histoire ?
- Deux adjectifs pour décrire le film ?

(d) Posez et répondez aux questions avec un partenaire.

(e) Préparez un poster ou PowerPoint pour présenter votre film préféré à la classe.

(f) Trouvez une photo de votre film préféré et complétez la fiche du document.
Cliquez 👆 ou allez sur le site **mentorbooks.ie/resources** et choisissez l'option TY French/Chapitre 4/La fiche du document.

6 Un peu de grammaire

27 (a) Écoutez et lisez la description des films que Malik et Stéphanie aimaient regarder quand ils étaient petits.

Malik : Quand j'étais petit, j'adorais regarder les films de science-fiction avec ma famille. Notre film préféré était « Avatar ». Le week-end, je passais des heures à regarder des films avec mes frères. Nous lisions aussi des livres et des bandes-dessinées de science-fiction. J'aimais ce genre de films, car on voyait des terres et des personnages fantastiques. Il y avait souvent la guerre ou une lutte dans les films de science-fiction. Même si je n'aimais pas la violence, j'appréciais le côté humain des personnages. Les effets spéciaux étaient au top dans ce genre de films. J'arrivais à voir le monde et la vie autrement grâce aux films de science-fiction. Vous regardiez quel genre de films chez vous ?

Stéphanie : Moi et mon cousin adorions regarder des films de Disney. J'adorais tous les dessins animés, mais mon préféré était La Belle et la Bête. Quand on était petits, mon cousin habitait près de chez nous et nous regardions les films chez moi le dimanche après-midi. De temps en temps, on mangeait du popcorn et on buvait du Coca Cola. On s'amusait toujours bien. Pendant qu'on regardait des films, nos parents bavardaient dans la cuisine. Et toi ? Tu regardais quel genre de films quand tu étais petite ?

(b) Soulignez tous les verbes dans les textes de Malik et Stéphanie.

(c) Dessinez le tableau dans votre cahier et remplissez le tableau avec les verbes du texte. Le premier est déjà fait :

Je/j'	Tu	Il/elle/on	Nous	Vous	Ils/Elles
J'étais					

(d) Regardez la terminaison (*ending*) dans chaque verbe. Faites une liste des terminaisons.

Do you recognise this tense? What tense would you use in French to describe what you used to watch when you were younger?

L'imparfait

L'imparfait is a **past tense** used to describe:

(a) Events that happened over a long period of time in the past.
   Exemple : Jusqu'à l'âge de dix ans, j'habitais en Tunisie.

(b) Things that used to happen regularly in the past.
   Exemple : L'année dernière, je jouais au foot tous les samedis matin.

(c) An activity that was interrupted by another event in the past.
   Exemple : Je parlais avec mes amis quand le prof est entré dans la salle.

(d) The weather in the past
   Exemple : Au Portugal, l'été dernier, il faisait beau.

(e) To give background information to a story in the past.
   Exemple : J'étais fatiguée, j'avais envie de m'endormir, alors j'ai ouvert la fenêtre.

To form the imparfait

1. First you must find the « nous » part of the verb in the present tense.

   Exemple : Parler ⟶ Nous parlons

2. Take away the **'nous'** and the **-ons** ending.
3. What remains is the stem for the imparfait.

   Exemple : Parl_____

Coup de pouce

For many verbs, the 'nous' stem is the same as the infinitive,
however it is important to follow the rule as the 'nous' stem is different to the
infinitive for verbs such as **faire, boire, voir,** etc.

faire ⟶ nous faisons ⟶ imparfait stem = Fais ____

*The exception to this rule is the verb être, the imparfait stem for être is ét___

4. Add the **imparfait** endings:
   - ais
   - ais
   - ait
   - ions
   - iez
   - aient

Exemple : Je regardais Netflix pendant les vacances de Noël

Je	regard**ais**
Tu	regard**ais**
Il/elle/on	regard**ait**
Nous	regard**ions**
Vous	regard**iez**
Ils/elles	regard**aient**

(e) Trouvez le « stem » de l'imparfait pour les verbes suivants :

Parler   Aller   Arriver   Jouer

Se battre   Se déguiser   Se brosser les dents

prendre   Vouloir   Manger   Conduire

(f) Allez sur Youtube et tapez « Ma Vie de Courgette bande-annonce ».

(g) Utilisez les verbes ci-dessus pour décrire l'histoire de la bande-annonce

Coup de pouce

Utilisez les mots de liaison : et / ensuite / et puis / cependant / finalement

7 Une chanson

La Grande Sophie

(a) Lisez le refrain (*chorus*) de la chanson « On savait (devenir grand) » et répondez aux questions suivantes:

Qui aurait pu nous le dire

Qui aurait su nous l'écrire

Qui avait la solution

Pour ne jamais devenir grand

On partait dans les nuages

Cueillir des pensées sauvages

On savait, On savait, que ça n'allait pas durer

1. Selon vous, quel est le thème de cette chanson?
2. À votre avis, quel est le genre de cette chanson – classique, punk, rock, soul ou pop ?

(b) Trouvez l'imparfait des verbes suivants :

être   avoir   chasser   courir   collectionner   sentir   poser
attraper   faire   savoir   vouloir   aller

Exemple : être = ét_____

(c) Allez sur Youtube et tapez « On Savait (devenir grand) – La Grande Sophie ».

(d) Pour voir la fiche d'activité sur les paroles at les verbes, cliquez 🖱 ou allez sur le site de **mentorbooks.ie/resources** et choisissez l'option TY French/Chapitre 4/Une chanson.

(e) Écoutez le refrain (*chorus*) de la chanson encore une fois. Avec un partenaire, écrivez des nouvelles paroles, à l'imparfait, pour la chanson.

(a) On s'entraîne pour le bac. Lisez la critique du film « Intouchables » et répondez en français. Vous pouvez écouter le texte.

Intouchables, en route pour la gloire Par Lena Lutaud

Section 1

Avec plus de 1,7 millions d'entrées en cinq jours, le film s'annonce comme un phénomène.

Salles bondées, spectateurs qui applaudissent à tout rompre au générique... Depuis mercredi, plus de 1,7 million de personnes ont vu *Intouchables,* la comédie d'Olivier Nakache et Éric Toledano avec François Cluzet. « *Les familles ont décidé que c'était le film à voir face au Tintin de Spielberg* », se félicite François Clerc, directeur de la distribution chez Gaumont. Mieux: *Intouchables* triomphe, hors vacances scolaires et hors période de promotion telle que la Fête du cinéma. « *On peut d'ores et déjà parler d'un petit phénomène Bienvenue chez les Ch'tis* », estime Éric Meyniel, directeur des multiplexes Kinepolis. En 2008, la comédie de Dany Boon avait séduit un demi-million de Français en première semaine. Elle avait ensuite tenu 23 semaines à l'affiche et attiré 20,5 millions de spectateurs. Comme pour *Bienvenue chez les Ch'tis,* les droits de remake d' *Intouchables* ont déjà été achetés par les américains. Mercredi, le film va passer de 508 à 605 copies. Cinq raisons expliquent ce phénomène.

Section 2

Un sujet audacieux

Faire rire avec un handicapé et un caïd des cités, de surcroît noir, qui n'a pas envie de travailler, il fallait oser. « *Les comédies françaises réussies sont celles qui donnent à voir des milieux sociaux obligés de coopérer*», analyse le sociologue du cinéma et professeur des universités, Emmanuel Ethis. Le public trouve cela passionnant, car c'est une manière de découvrir l'autre. Vendu comme politiquement incorrect (François Cluzet et Omar Sy fument des joints, s'amusent à semer une voiture de policiers), *Intouchables* est en fait très en phase avec la morale de l'époque: Omar Sy casse la figure à un automobiliste qui ne respecte pas une interdiction de stationnement...

Un film qui met de bonne humeur

Les Américains parlent de feel good movies. *Intouchables* est aussi un film sur l'amitié. « *On en ressort avec une furieuse envie de vivre, on rit, on pleure, on a de la tendresse pour les personnages, on a foi en l'amitié* », résume Éric Meyniel. Les codes du genre sont respectés. Pour faire rêver, et aussi rassurer, la plupart des scènes se déroulent dans le décor d'un hôtel particulier parisien.

Section 3

Des acteurs avec un bon capital de sympathie

Si François Cluzet n'a plus rien à prouver, la révélation du film, c'est Omar Sy. Pour les spectateurs avides de nouvelles têtes d'affiche, c'est un essentiel. Sur Canal +, où il joue dans la série SAV aux côtés de Fred Testot, Omar Sy est connu des adolescents sans être une star comme Jamel Debbouze. Les familles l'ont repéré dans le film culte *Nos Jours Heureux.* Dans *Intouchables,* son côté sexy et son déhanché sur le tube disco September d'Earth, Wind & Fire n'ont échappé à aucune fille. On pense à Romain Duris dansant sur Dirty Dancing dans *L'Arnacœur.* Ce n'est pas un hasard : les deux films ont été portés par le même producteur, la société Quad, à laquelle tout réussit.

Un bouche-à-oreille très favorable

Quand un film est réussi, le mieux pour son distributeur est de le montrer le plus tôt possible. Orchestré par Gaumont, ce plan marketing a démarré dès la fin août avec cinquante avant-premières en présence des deux acteurs et des deux réalisateurs. Début novembre, l'attente est à son comble: les exploitants obtiennent 150 avant-premières supplémentaires. L'accueil favorable laissait alors présager du succès à venir.

Coup de pouce

In the Leaving Certificate reading comprehension, you are often asked questions beginning with « selon » (*according to*). It usually refers to a quoted comment in the text or the results of a survey.

Les questions

1. **Selon** François Clerc, comment sait-on que le film *Intouchables* est aimé par les familles ? (Section 1)
2. **Selon** Éric Meyniel, comment peut-on décrire ce film ? (Section 1)
3. **Selon** Emmanuel Ethis, quel genre de comédie française a un grand succès avec le public ? (Section 2)
4. Quel est le thème principal du film ? (Section 2)
5. **Selon** Éric Mayniel, quel est l'effet du film sur les spectateurs (Section 2)
6. Comment sait-on que le film aura un succès à venir ? (Section 3)
7. The film *Intouchables* has been a surprise success. Do you agree? Support your answer with reference to the text **(two points)**.

(b) Selon la critique du film ci-dessus, *Intouchables* est « vendu comme politiquement incorrect ». Si vous n'avez pas vu le film, regardez la bande annonce du film et dites pourquoi on peut dire que c'est politiquement incorrect.
(c) Faites une liste des films avec un thème politiquement incorrect et une deuxième liste des films avec un thème considéré politiquement correct que vous connaissez.
(d) Divisez la classe en deux – un groupe croit que les films avec un thème politiquement incorrect ont plus de succès et l'autre groupe croit que les films avec un thème politiquement correct ont plus de succès.

Le débat – comment ça se déroule

1. Divisez la classe en deux groupes.

2. Les deux groupes ont un point de vue différent : **oui** ou **non** pour la thèse.

3. Trouvez au moins trois arguments pour défendre votre point de vue.

4. Essayez de trouver des points originaux et/ou amusants.

5. N'ayez pas peur de donner des exemples personnels.

6. Commencez avec « Mesdames et Messieurs, je vais vous parler de ...
Je suis pour/contre la thèse ».

7. Introduisez les trois arguments avec « D'abord ... / ensuite ... / finalement ... »

8. Utilisez les phrases pour les débats page 160.

9. Décidez qui seront les orateurs/oratrices.

10. Chaque orateur/oratrice va parler pendant une minute.

9 Un jeu de rôle

« Le dîner de cons », sorti en 1998, est un film classique en France. C'est une comédie. Dans la scène culte du film, le personnage Pierre essaie de trouver sa femme. Il demande à François de l'aider. François est un peu bête et ne comprend pas trop ce qu'il doit faire. Il voudrait aider son ami mais il entre trop dans le jeu de « producteur du film »......

(a) Allez sur YouTube et tapez « Le diner de con !! Scène culte du film ».

(b) Cliquez pour lire le script..

(c) Lisez le script et regardez encore la scène.

(d) Divisez la classe en groupe de trois. Décidez qui va être :
- Pierre
- François
- Leblanc

(e) Répétez la scène, puis jouez la scène devant la classe.

10 La compréhension orale

Écoutez et répondez aux questions en anglais.

(a) Deux amis, Lucille et Vincent, parlent du film « Joyeux Noël » qu'ils ont vu le week-end dernier.

1. What is Lucille's reaction to the film?
2. Why did Vincent enjoy the film?
3. What does Vincent say about war?
4. What did Lucille like about the film?
5. What nationality is Diane Kruger?
6. What are the three languages in the film?
7. Who is Guillaume Canet?
8. What question does Vincent ask at the end?

(b) Éric et sa petite amie Tiffany vont au cinéma. Ils hésitent entre deux films, un film d'action et un film de science-fiction.

1. What kind of films does Tiffany not like?
2. How does Eric describe the film that they saw last week?
3. Why did Eric recommend seeing that film last week?
4. What two adjectives does Tiffany use to describe the film?
5. How does Eric describe the film The Intouchables?
6. What genre of film does Tiffany suggest they go to see?
7. How does she convince Eric to go see the film?
8. What does Tiffany want to do before the trailers begin?

(c) Une journaliste, Alice, pose des questions à l'acteur Hugo Becker.

1. What is Hugo doing at the moment?
2. What type of film has he just finished recording?
3. What special skill does Hugo have?
4. What does Hugo say about the other actors in Gossip Girl?
5. What does Hugo say about the career of an actor? (*Two points*)

11 On pratique

Exercice 1. Traduisez les mots en français et remplissez les mots-croisés :

Le cinéma

Horizontal
5. Actor
6. Comedy
7. Film star
8. Actress
9. Scene

Vertical
1. Film
2. Director
3. Documentary
4. Drama
6. Review

Exercice 2. Remplissez les blancs avec le verbe à l'imparfait.
1. En France, l'été dernier, je _____ à la pétanque. **(jouer)**
2. Je _____ beaucoup d'animaux au zoo. **(voir)**
3. Il _____ pendant tout le film. Ça m'énerve ! **(parler)**
4. Nous _____ les courses au supermarché, mais maintenant nous faisons les courses en ligne. **(faire)**
5. Vous _____ les devoirs quand le prof est arrivé. **(finir)**
6. En Espagne, il _____ beau. **(faire)**
7. En été, ils _____ de l'eau tout le temps. **(boire)**
8. Avant, on _____ du chocolat à la cantine mais c'est interdit maintenant. **(vendre)**

Exercice 3. Regardez l'affiche du film. Remplissez le tableau (page 80) et écrivez une critique du film.

Titre du film	
Réalisateur	
Acteurs principaux	
Date de sortie	
Genre du film (selon vous)	
Deux adjectifs pour décrire le film (selon vous)	

Exercice 4. Lisez le courriel de Martin et remplissez les blancs avec les dix mots :

beaucoup – réalisateur – rêve – étudier– série – grandes – action – bien – cinéma – spéciaux

De : martin@france.com
À : Eoin@ireland.com

Salut Eoin,
Ça va ? J'espère que tu vas **(1)** _____ et que tu t'amuses bien pendant l'année de transition !
Moi, j'en ai marre de l'école. Les professeurs nous donnent **(2)** _____ de devoirs et je m'ennuie à mourir.
Ma seule passion dans la vie c'est le **(3)** _____. Je voudrais être un
(4) _____ célèbre, comme Steven Spielberg ou Christopher Nolan. Tu as vu le dernier film de Christopher Nolan ? C'était un film d'**(5)** _____ . C'était incroyable ! Vraiment, les effets
(6) _____ étaient stupéfiants. Mon **(7)**_____ est d'aller à New York pour
(8) _____ la cinématographie.
J'ai entendu qu'on tourne des films en Irlande ? C'est cool. Ma **(9)** _____ préférée, *Game of Thrones* est tourné dans l'Irlande du Nord je crois.
Quels sont tes projets pour les **(10)** _____ vacances ? Si tu veux venir en France, je t'accueillerais avec grand plaisir. Nous pourrons aller au cinéma !
J'attends de tes nouvelles,
À bientôt,
Martin

Exercice 5. Regardez la bande annonce du film « Dilili à Paris » et dites si les phrases suivantes sont vraies ou fausses :

		Vrai	Faux
1.	C'est une bande-dessinée.	☐	☐
2.	Dilili vient de Paris.	☐	☐
3.	Elle détestait Paris.	☐	☐
4.	Elle voyageait à Paris en voiture.	☐	☐
5.	Elle rencontrait un peintre célèbre au bord d'un lac.	☐	☐
6.	Le film est sorti en automne.	☐	☐
7.	Elle rencontrait un singe.	☐	☐

LA MUSIQUE

Chapitre 5 La musique

In this chapter you will:

- Test your knowledge of *La Musique en France.*
- Look at a selection of documents for the oral exams.
- Get to know some instruments and design your own *'instrument extraordinaire'.*
- Learn about a unique school in France.
- Discover *'le slam'* and create your own slam.
- Talk about music as a powerful form of expression.
- Listen to young people talking about music and the weekend.

La grammaire :

Jouer d'un instrument
Le futur proche

La culture :

Le slam et l'artiste Grand Corps Malade
L'école des Petits Chanteurs à la Croix de Bois
La chanson « Toi et moi »

1 Un quiz

(a) Que savez-vous sur la musique en France? Par petits groupes, répondez aux questions du quiz. Écrivez vos réponses sur une feuille. Vous pouvez utiliser internet pour vous aider.

1. **La fête de la musique en France, c'est tous les ans à quelle date ?**
   (a) Le 21 septembre
   (b) Le 21 juin
   (c) Le 21 mai

2. **Dans quelle émission télévisée populaire les candidats chantent-ils ?**
   (a) Questions pour un champion
   (b) Qui veut gagner des millions ?
   (c) N'oubliez pas les paroles

3. **Quelle émission musicale live présentée par Nagui est une référence en matière de musique ?**
   (a) Taratata
   (b) Ouistiti
   (c) Acoustic

4. **Lequel de ces instruments n'est pas à cordes ?**
   (a) La batterie
   (b) Le violon
   (c) La guitare

5. **Quel instrument est un peu un symbole de la musique française ?**
   (a) Le djembé
   (b) La flûte
   (c) L'accordéon

6. **L'hymne national français s'appelle comment ?**
   (a) Allez les bleus
   (b) La Française
   (c) La Marseillaise

7. **Laquelle de ces chansons est une comptine pour enfants ?**
   (a) Au clair de la lune
   (b) Petit papa Noël
   (c) Papaoutai

8. **Lequel de ces groupes français n'est composé que d'enfants ?**
   (a) Kyo
   (b) Kids United
   (c) BB Brunes

9. **Lors de quel grand évènement musical français les artistes sont-ils récompensés ?**
   (a) Les Victoires de la musique
   (b) Les Oscars
   (c) La nuit des César

10. **Quel groupe parisien qui chante en anglais connaît un succès international.**
    (a) The Beatles
    (b) BB Brunes
    (c) Daft Punk

(b) Échangez les feuilles de réponses avec un autre groupe. Corrigez les réponses avec le PowerPoint.

(Cliquez ou allez sur le site **mentorbooks.ie/resources** et choisissez l'option TY French/ Chapitre 5/Quiz answers.)

2 Le document

(a) Quatre étudiants qui passent leur bac de Français ont amené un document sur le thème de la musique. Écoutez les deux premières présentations et complétez les blancs dans le texte.

Laly : Bonjour. Je m'appelle Laly et j'ai apporté une photo. Le titre que j'ai donné à ma photo c'est « Moi, à mon cours de **djembé ».** J'ai toujours été (1) _____ par la musique (2) _____ et j'ai commencé à jouer du djembé à l'âge de (3) _____ ans. Pendant mon année de transition, nous avons participé à un atelier de djembé et de (4) _____. L'atelier a duré deux (5) _____. Nous avons essayé divers instruments et c'était (6) _____ chouette. Le professeur était super (7) _____. J'adore la culture africaine. J'ai de la chance, car mon père est (8) _____ et il doit souvent aller en Afrique pour prendre des photos. Quand je suis en vacances, je vais avec lui et je vais voir des (9) _____. J'ai acheté mon djembé lors de notre (10) _____ voyage en Afrique. C'était au Sénégal, à Dakar. J'ai hâte d'y retourner.

Pierrot : Bonjour, moi c'est Pierrot. Je m'appelle Pierre mais tout le

(1) _____ m'appelle Pierrot. Moi, ce que je préfère par-dessus (2) _____, c'est (3) _____ de la musique. J'ai beaucoup d'instruments (4) _____ moi comme vous pouvez le voir sur ma photo. Le titre que j'ai donné à ma photo c'est « Mes instruments de musique ». Je joue de la guitare, du synthétiseur, des cymbales, du tambourin, de la batterie, des maracas et du tambour. Sur la photo, vous pouvez voir mes instruments préférés. Tous les instruments auxquels je joue et auxquels j'adore jouer pour mes amis ou (5) _____ famille sont sur cette photo. Plus tard, j'aimerais bien faire partie d'un groupe. (6) _____ l'instant, la musique n'est qu'un passe-temps et je n'ai pas le (7) _____ de monter mon groupe mais après mes examens du bac, je vais créer mon propre groupe de musique. Il faudra que je trouve un (8) _____ ou une chanteuse, car moi, je ne (9) _____ pas chanter, mais je m'occuperai des mélodies et de la (10) _____.

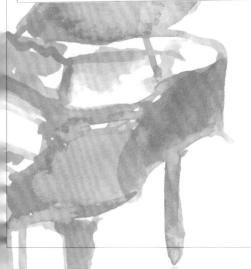

(b) Écoutez les quatre présentations et remplissez le tableau avec le prénom de l'étudiant, le numéro de la photo et **un titre** pour leur photo.

	Prénom	Numéro de la photo	Titre
Document 1			Moi, à mon cours de djembé
Document 2			
Document 3			
Document 4			

(c) Quelle photo préférez-vous ? Pourquoi ?

(d) Écoutez à nouveau les quatre présentations et notez tous les instruments que vous entendez dans votre cahier. Il y a **douze** instruments à trouver (vous pouvez écouter l'enregistrement à nouveau).

(e) Il existe trois catégories d'instruments :
1. Les instruments à cordes
2. Les percussions
3. Les instruments à vent

Exemples:

1. La guitare

2. La batterie

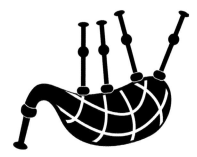

3. La cornemuse

Dans le cahier, dessinez un tableau à trois colonnes avec les trois catégories d'instruments et placez les douze instruments de l'exercice (d) dans la bonne catégorie.

3 Un peu de grammaire

(a) Lisez les trois bulles ci-dessous et complétez **Le tableau des prépositions** (page 86) avec la règle et des exemples.

1. Moi, hier, j'ai joué <u>du violon</u> avec mon amie Manon. Elle a joué <u>de la batterie</u>, elle a adoré les percussions. Nous avons passé un super bon moment !

2. Moi, je déteste la musique ! Je ne joue pas <u>d'un instrument</u>. Je préfère regarder des films et des séries sur Netflix.

3. Moi, mon cours de musique c'est demain. Nous allons jouer <u>du piano</u> et <u>des maracas</u>. Charles lui va jouer <u>de la basse</u>.

Le tableau des prépositions

Prépositions	La règle	Exemples
De + le = du	La préposition du s'utilise avec les instruments masculins.	Ex : Hier, j'ai joué du violon.
De + la = de la	La préposition de la s'utilise avec les instruments _____	Ex :
De + l' = de l'	La préposition de l' s'utilise avec _____	Ex :
De + les = des	La préposition des s'utilise avec avec _____	Ex :

Stop Think

1. In pairs, write the rule you need to apply when using the verb 'jouer' with musical instruments. Share your answer with the class
2. Which tenses can you see in the three speech bubbles on page 85?

(b) Complétez les phrases avec un instrument ci-dessous. Attention, il doit s'accorder avec la préposition !

violoncelle   contrebasse   harmonica   instrument   cymbales

1. Il va apprendre à jouer de la _____.
2. Ils vont jouer du _____ avec l'orchestre.
3. Elle va continuer à jouer des _____ avec la fanfare.
4. Nous allons jouer d'un _____ tous les jours.
5. Je vais jouer de l' _____ pendant un an.

(c) Which tense is used in all of the sentences above?

Le futur proche

Le futur proche is close in meaning to the 'going to + infinitive' structure in English. It is used to describe an action that is going to happen very soon.

Exemples :
Rentrez vite les enfants ! **Il va pleuvoir !** = *Come back quickly kids! It's going to rain!*
Attention Charlie, **tu vas tomber !** = *Watch out Charlie, you're going to fall!*

It is also used for upcoming events that will occur in the near or not-so-near future.

Exemple:
Je vais vivre à Montréal pendant deux ou trois ans. = *I'm going to live in Montreal for two or three years.*

(d) Regardez les phrases ci-dessous. <u>Soulignez</u> le verbe « aller » dans chaque phrase.

À la forme affirmative :

1. Je vais nager à la piscine.
2. Tu vas faire de la voile.
3. Il/elle/on va manger au restaurant.
4. Nous allons prendre le tramway.
5. Vous allez écouter la radio.
6. Ils/elles vont organiser la soirée.

À la forme négative :

7. Je ne vais pas faire d'exercice ce week-end.
8. Il ne va pas s'amuser tous les jours !
9. Elles ne vont pas apprendre grand-chose.
10. Nous n'allons pas jouer du violon.

Stop Think

1. How do you make the *futur proche* negative ?
2. Mettez le verbe « jouer » au future proche à la forme négative dans le cahier.

(e) Qu'est-ce qu'elle va faire après ? Allez sur YouTube et regardez l'extrait du film très célèbre *Le Fabuleux Destin* d'Amélie Poulain, « Amélie 'the Hidden Box' Audrey Tautou » (2.02min) . Amélie a trouvé une boîte. Qu'est-ce qu'elle va faire après (*after*) ? Regardez les possibilités de réponses et écrivez les phrases dans le cahier en utilisant les verbes au futur proche, à la forme affirmative ou négative.

1. Garder la boîte
2. Téléphoner à son ami pour lui parler de la boîte
3. Mettre la boîte à la poubelle
4. Vendre les objets contenus dans la boîte
5. Retrouver le propriétaire de la boîte
6. Remettre la boîte dans sa cachette dans le mur

Exemple :
1. Elle ne va pas garder la boîte.

(f) On mime. Votre professeur va écrire les actions de vos listes au tableau. Un élève vient au tableau et mime une des actions. Si vous avez trouvé la réponse, levez la main et dites votre réponse

Je sais ! Elle va téléphoner à sa meilleure amie ! C'est correct ?

4 Les instruments de musique

(a) Allez sur YouTube et tapez « 7 instruments de musique qui sortent de l'ordinaire ». Regardez la vidéo et complétez le tableau ci-dessous.

	Nom de l'instrument	Pays	Période / date de création	Nom du créateur / des compositeurs	Ressemble à quel instrument ?
7				X	
6			X		
5			X		
4				X	
3			X	X	
2					
1					

(b) Lequel de ces sept instruments préférez-vous ? Demandez à cinq camarades.

(c) Quel instrument vous semble être le plus populaire dans la classe ?

(d) Un projet en groupe : Mon instrument extraordinaire.
1. Par groupe, sur une feuille A3, dessinez votre instrument de musique extraordinaire et préparez une fiche technique avec les différentes catégories du tableau 4(a).
2. Organisez une exposition dans la salle de classe et votez pour l'instrument le plus original (ne votez pas pour le votre !).

(e) Mon document sur la musique
Choisissez une photo / un document sur la musique et écrivez une présentation comme dans la section 2. Enregistrez votre présentation et envoyez-la à votre professeur qui va l'évaluer.

5 On s'entraîne pour le bac

L'agonie discrète des magasins d'instruments de musique

par Patrick Moynot

Section 1

Après les librairies et les disquaires, c'est un autre pan du secteur culturel qui disparaît progressivement, met en garde Patrick Moynot, PDG de Musikia.

Le chiffre qui circulait dans le métier était déjà impressionnant : plus de 200 points de vente ont disparu depuis 2014, remplacés en centre-ville par des enseignes d'habillement, de sport ou de restauration. Musikia, qui était le plus grand magasin de ce genre à Paris et l'un des principaux acteurs de ce secteur, sera le premier à baisser définitivement le rideau en 2016.

L'uniformisation du paysage commercial en centre-ville n'est évidemment pas une tendance récente. Cela fait maintenant au moins 15 ans que l'on a pris l'habitude de voir s'installer partout les mêmes enseignes. Si l'on y ajoute la révolution du commerce sur internet, il y avait de quoi perturber en profondeur de nombreux marchés. Certains se sont en partie réinventés, comme l'industrie du disque qui est devenue celle du téléchargement d'une part, et du spectacle « live » d'autre part, mais au passage les disquaires ont disparu. D'autres sont plus fragiles, comme les librairies, que l'on a jugé utile de soutenir au moyen d'un dispositif de protection de prix, les mettant partiellement à l'abri.

Section 2

La distribution d'instruments de musique, et plus généralement de tout ce qui permet de faire de la musique et de l'enregistrer, et pas seulement de l'écouter, subit elle aussi de plein fouet ces bouleversements, qui viennent amplifier la crise. Les uns après les autres, les magasins disparaissent en silence. Musikia n'est que la dernière fermeture en date, peut-être la plus visible.

On peut toujours mettre en cause l'absence de réaction des commerçants, leur conservatisme, leur manque de sens commercial ou d'innovation. C'est vrai, mais ça ne suffit pas à expliquer l'ampleur d'un phénomène, qui ressemble furieusement à la crise qu'ont connue les libraires.

Section 3

C'est peut-être que ces magasins ne sont pas tout à fait comme les autres. À vendre des livres ou des instruments de musique, on est plus vulnérables que si l'on vendait des baskets. Dans notre métier, les marges laissées par les grandes marques ou leurs grossistes-importateurs sont si faibles que la moindre erreur est fatale. Sans parler de l'effondrement du trafic dans les rues de Paris après les attentats, tous secteurs confondus.

Cette disparition programmée mérite-t-elle un débat public ? Pas davantage, mais pas moins non plus, que celle des libraires qu'on a su endiguer. Le marché de l'instrument de musique, avec environ 600 millions d'euros pour la France, est équivalent à celui... du fer à repasser. Ce n'est ni très gros, ni négligeable. Aujourd'hui c'est plus que celui du disque, par exemple.

Section 4

La faute à Internet, alors ? Non, mille fois non ! S'il y a bien un secteur sur lequel on devrait pouvoir résister, c'est celui de l'instrument : une guitare, un piano, on veut le voir, le toucher, l'essayer, l'écouter. Encore faudrait-il que les magasins aient les moyens de cette différenciation. Sur Internet, la vieille maxime est plus vraie que jamais : « winner takes all », le premier rafle tout. Il n'y a pas de place pour les acteurs de second rang, plus traditionnels. Mais les marges sont si faibles que toute innovation en magasin, toute action de formation des vendeurs un peu conséquente, se trouve difficile à financer, sans parler des bons emplacements que leurs loyers mettent hors de portée.

L'intensité des réactions sur les forums et réseaux sociaux laisse au minimum penser que le sujet n'est pas complètement anodin.

Le Monde

Coup de pouce

In your Leaving Cert exam, you are often asked to *'trouvez'* which means to find.
You have to find the answers in the chosen section.

Dans l'article du Monde :

1. **Trouvez** dans **la première section** deux exemples de magasins qui ont récemment disparus.
2. Que va-t-il se passer en 2016 ? (Section 1)
3. Comment l'industrie du disque s'est-elle réinventée ? (Section 1)
4. **Trouvez** deux raisons qui peuvent expliquer la fermeture des magasins de musique ? (Section 2)
5. **Trouvez** dans **la troisième section :**
   (a) Un verbe au présent
   (b) Un verbe à l'imparfait
   (c) Un verbe au passé composé
6. Que font généralement les clients avant d'acheter un instrument de musique ? (Section 4)
7. Dans **la quatrième section,** pour le journaliste, il est clair que...
   (a) Ce sujet n'intéresse personne.
   (b) Ce sujet n'intéresse que les jeunes.
   (c) Ce sujet intéresse beaucoup de monde.
   (d) Ce sujet est dépassé.
8. Music shops are going to completely disappear. Do you agree? Refer to the text in support of your answer. (Two points, about 50 words in total).

6 Les choristes

(a) Allez sur YouTube et tapez « Les choristes French trailer » (1.33min). Regardez la bande-annonce et remplissez la fiche information du film *Les Choristes*.

Le producteur : _____

Les acteurs : _____

Les lieux du film : _____

Thème du film : _____

Le réalisateur : _____

La date de sortie du film: _____

L'histoire du film en quelques mots : _____

_____

_____

_____

(b) Après avoir regardé la bande-annonce, écrivez votre critique :

Coup de pouce

Allez voir l'exemple Chapitre 1, page 20

Ma critique: _____

_____

_____

_____

(c) Sur internet, faites une recherche sur L'école des Petits Chanteurs à la Croix de Bois.
www. epccb.fr
Répondez aux questions suivantes en français :
1. Quel est le nom anglais des Petits Chanteurs à la Croix de Bois ?
2. Où se trouve l'école des Petits Chanteurs à la Croix de Bois ?
3. Quand l'école a-t-elle été créée ?
4. Quel examen les petits chanteurs préparent-ils ?
5. Combien coûte l'hébergement à la maison des petits chanteurs (pension complète) ?
6. Pourquoi cette école est-elle différente des autres écoles françaises ? (trois raisons)
7. Quel grand message les élèves de cette école veulent délivrer dans le monde ?
8. Donnez deux exemples de pays visités par le chœur des petits chanteurs.

Plus difficile

9. Quelle est la devise (*motto*) des Petits Chanteurs ?
10. Quel est le rôle des parents selon l'école ?

(d) Sur le site des Petits chanteurs, trouvez les mots pour dire :

To sing: _____

Singers: _____

For peace: _____

The choir : _____

Abroad : _____

Prayer : _____

(e) Avec un partenaire, discutez:

Tu aimes l'école des Petits Chanteurs à la Croix de Bois ?

Oui / Non, parce que . . .

(f) On compare l'école du film « Les choristes » et l'école des Petits Chanteurs à la Croix de Bois. Cochez la bonne case dans le tableau ci-dessous et partagez vos réponses avec la classe.

	Différent	Similaire
1. L'uniforme		
2. La discipline		
3. L'emploi du temps		
4. Les professeurs		
5. Les locaux		
6. Les voyages		
7. Le chœur		
8. La philosophie (*the ethos*)		

7 La musique et ses messages

(a) Quel est selon vous, la bonne définition du slam ? Choisissez la meilleure réponse.
1. Un style de musique proche du hard rock.
2. Une poésie lue à voix haute devant un public avec un message fort.
3. Une chanson traditionnelle française.

(b) Allez sur YouTube et regardez les trois clips vidéo du grand slammeur français. Tapez :
1. Grand Corps Malade Éducation Nationale clip officiel
2. Grand Corps Malade Roméo kiffe Juliette clip officiel
3. Grand Corps Malade Au feu rouge clip officiel

Grand Corps Malade

(c) Regardez encore les trois clips et remplissez les tableaux avec le message, les problèmes et les solutions pour chaque slam.

Slam 1: Éducation nationale

Quel est le message ?

Les problèmes :

Les solutions :

Slam 2: Roméo kiffe* Juliette

Quel est le message ?

_____

Les problèmes :

_____

Les solutions :

_____

*aime

Slam 3: Au feu rouge

Quel est le message ?

_____

Les problèmes :

_____

Les solutions :

_____

(d) Quel slam préférez-vous ? Pourquoi ?

(e) Un petit débat. Selon vous, le slam est-il un bon moyen pour faire passer un message (politique / social) important ?

Le débat – comment ça se déroule

1. Divisez la classe en deux groupes.

2. Les deux groupes ont un point de vue différent : **oui** ou non **pour** la thèse.

3. Trouvez au moins trois points pour défendre votre point de vue.

4. Essayez de trouver des points originaux et/ou amusant.

5. N'ayez pas peur de donner des exemples personnels.

6. Commencez avec « Mesdames et Messieurs, je vais vous parler de ...
Je suis pour/contre la thèse ».

7. Introduisez les trois arguments avec « D'abord ... / ensuite ... / finalement ... ».

8. Utilisez les phrases pour les débats la page 160.

9. Décidez qui seront les orateurs/oratrices.

10. Chaque orateur/oratrice va parler pendant une minute.

(f) **Les grands problèmes.** Écrivez la liste de mots ci-dessous dans votre cahier et traduisez-les en anglais:

le chômage   le dopage   **la pollution**   **les embouteillages**

le pape   la guerre   **l'escroquerie**   le stress   **la grippe aviaire**

les SDF   le climat   **la tricherie**   **le réchauffement climatique**

les cambriolages   la météo   les grèves   la pauvreté

le fascisme   **le nucléaire**   **les mensonges**   les scandales

les massacres   le vol

(g) Allez sur YouTube et regardez le clip vidéo de « Tryo - Toi et Moi ».
Regardez une première fois le clip et cochez les problèmes ci-dessus qui sont abordés dans la chanson de Tryo.

(h)

Toi et moi, dans tout ça, on n'apparaît pas,

On se contente d'être là, on s'aime et puis voilà on s'aime.

Toi et moi dans le temps, au milieu de nos enfants,

Plus personne, plus de gens,

Plus de vent, on s'aime.

Lisez le refrain de la chanson « Toi et Moi ».

Pour voir la fiche d'activité sur les paroles, cliquez 🐾 ou allez sur le site de **mentorbooks.ie/resources** et choisissez l'option French/Chapitre 5/ Une Chanson.

(i) **Notre slam.** Selon vous, quels sont les critères d'un bon slam ? Trouvez trois caractéristiques qui font un bon slam. Que la compétition commence !
1. En groupe de trois ou quatre, choisissez un des grands problèmes de la liste ci-dessus et écrivez un petit slam. Inspirez-vous des slams de Grand Corps Malade.
2. Écrivez la poésie ou le texte sur une feuille A3.

3. Décidez du rythme de la chanson (vous pouvez l'accompagner d'un ou de deux instruments).

4. Enregistrez votre slam.

5. Le concours de slam. Écoutez les slams de tous les groupes de la classe et votez pour le meilleur.

(j) Regardez ces images et écrivez un petit paragraphe sur le problème qu'elles dénoncent. Aidez-vous de la liste page 95.

Exemple photo 1 :

La pollution est un gros problème de nos jours. Les plages sont polluées avec les déchets que les gens jettent. Il faut ramasser nos déchets et les mettre à la poubelle pour éviter de polluer notre environnement.

(k) Maintenant, à vous de rechercher quelques (some) photos sur internet qui dénoncent un / des problème(s) que vous trouvez important(s) et expliquez le problème comme dans l'exemple (photo 1). Présentez vos recherches sous forme de poster et organisez une exposition dans votre classe.

8 La compréhension orale

Écoutez les trois dialogues et répondez aux questions en anglais.

(a) Deux élèves, Lou et Sasha vont à leur premier cours de musique.

1. Why is Lou nervous?
2. What do you learn about Monsieur Cévenne? (*Two details*)
3. Where did Lou live six years ago?
4. Where does Monsieur Duchamp work?
5. What is the name of the workshop?
6. What instrument will Sasha and Lou learn?
7. What is Lou's favourite instrument?
8. What is Sasha's favourite instrument?
9. How does Lou feel at the end?
10. Where will Sasha and Lou meet on Tuesday?

(b) Trois jeunes, Catherine, Robert et Noah parlent de leurs artistes préférés.

1. Why does Catherine like the singer Zaz?
2. Why does Robert like Zaz?
3. Why does Noah like Mylène Farmer?
4. What does Catherine think of Mylène Farmer?
5. Why does Robert really like Maître Gims?
6. Why does Catherine not like the song anymore.
7. How does Robert listen to music?
8. Why does Robert not watch music videos?
9. What does Catherine think of music videos?
10. Which channel does Noah prefer?

(c) Lucie et Sabine parlent du week-end prochain.

1. What day is it?
2. What is Sabine going to do this weekend?
3. What does Lucie want to do on Saturday?
4. Who is Olivia ? (*Two points*).
5. What does Lucie need in the shops?
6. How many sports shops are there in the shopping centre?
7. What is Olivia's favourite sport?
8. What is Lucie doing on Sunday?
9. What is Sabine doing on Sunday?
10. What will Sabine search on Google?

9 On pratique

Exercise 1. (a) Pour chaque image, écrivez l'instrument dans votre cahier. **(b)** Complétez les mot-croisés avec les instruments de musique.

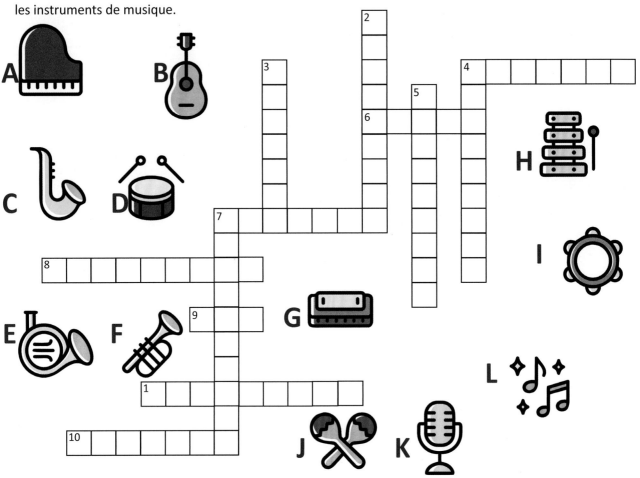

Horizontal

1. C   4. D   6. A   7. L   8. G   9. E   10. B

Vertical

2. H   3. J   4. F   5. I   7. K

Exercice 2. Associez chaque phrase à une image.

A.   Il aime jouer du saxophone.
B.   Être sur scène est excitant.
C.   Il faut parler dans le micro.
D.   Do ré mi fa sol la si do
E.   La batterie est mon instrument favori.
F.   Je n'aime pas le son du triangle.
G.   Je joue du violon depuis sept ans.
H.   La harpe est un symbole de l'Irlande.
I.   Il y a une nouvelle école de musique à Rennes.
J.   Ils jouent de la guitare.
K.   Tu connais quelqu'un qui joue du synthétiseur ?
L.   Le piano est un bel instrument.
M.   Je ne peux pas vivre sans musique.
N.   Le violoncelle est un instrument à cordes.
O.   J'ai décroché mon diplôme de prof de musique, chouette !
P.   La coiffe universitaire me va très bien.

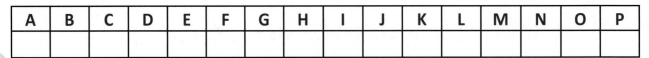

A	B	C	D	E	F	G	H	I	J	K	L	M	N	O	P

Exercice 3. (a) Charlie parle de son week-end. Complétez le texte avec les verbes au futur proche.

Le week-end est le moment que je préfère dans la semaine mais le week-end prochain, c'est encore mieux car on a trois jours de congé ! C'est un week-end férié. Et oui, le premier mai, c'est la fête du travail. J'ai vraiment hâte !

Bon, alors moi, j'ai fait quelques projets : samedi je (1) _____ _____ (to do) une randonnée avec mon père à Glendalough, le site monastique près de Dublin. Je sais que mon père (2) _____ _____ (to take) beaucoup de photos, la photographie, c'est sa plus grande passion dans la vie.

Ensuite, nous (3) _____ _____ (to have a picnic) en haut de la montagne, à côté de la rivière le midi et nous (4) _____ _____ (to go back home) vers 20h00 pour le repas d'anniversaire de Sophie.

Sophie c'est ma demi-sœur. Nous (5) _____ _____ (to have dinner) avec ma mère, ma demi-sœur, ma tante et mes trois neveux. Comme c'est l'anniversaire de Sophie, je (6) _____ _____ (to go) en ville vendredi soir et je (7) _____ _____ (to buy) un cadeau à Sophie. Elle adore le maquillage donc je crois que je (8) _____ _____ (to choose) un bon d'achat dans une pharmacie cosmétique.

Le dimanche, je n'ai pas prévu grand-chose. Je (9) _____ me _____ (to rest) et le lundi, en fin de matinée, je (10) _____ _____ (to spend) du temps avec mes amis. Je ne sais pas ce qu'ils (11) _____ _____ (to want) faire. On (12) _____ _____ (to improvise) selon le temps qu'il fait !

Voilà. Et toi, tu vas faire quoi pendant ce week-end de trois jours ?

(b) Les questions:
1. Why is Charlie looking forward to next weekend?
2. What is he going to do on Saturday?
3. What do we learn about Charlie's dad?
4. Where are they going to have a picnic?
5. Who is going to attend the birthday dinner?
6. What is Charlie going to do on Friday evening?
7. What does he want to buy as a present for Sophie?
8. What are his plans for Sunday?
9. When is he going to meet his friends?
10. What question does he ask at the end?

(c) Dans votre cahier, répondez à la question de Charlie (90 mots).

Exercice 4. Regardez sur YouTube le clip vidéo « Grand Corps Malade – Je viens de là – Clip officiel ». Il présente l'endroit d'où il vient.

(a) Écoutez le slam et remplissez le tableau.

Les aspects positifs	Les aspects négatifs

(b) Complétez la dernière phrase du slam:

« C'est ici que j'ai grandi, que je me suis construit, je viens de la _____ ».

6

LA MODE

Chapitre 6 La mode

In this chapter you will:

- Identify some famous French fashion designers.
- Describe different clothes and fashion styles.
- Use masculine and feminine adjectives to describe clothes.
- Talk about your personal fashion style.
- Discuss the importance of environmentally-friendly fashion.
- Write a description of what young Irish people like to wear.
- Listen to young French people talking about fashion.
- Present your favourite types of clothes.
- Revise numbers.

La grammaire :
Les adjectifs

La culture :
La couture française
La chanson « Toi + moi »

1 Un quiz

(a) Que savez-vous sur la mode française ? Par petits groupes, répondez aux questions du quiz ! Écrivez vos réponses sur une feuille. Vous pouvez utiliser internet pour vous aider.

1. **Qui est un couturier *(fashion designer)* français ?**
   (a) Coco Chanel
   (b) Diane Von Fürstenberg
   (c) Victoria Beckham

2. **Christian Louboutin a dessiné des chaussures à talons hauts avec une semelle *(sole)* de quelle couleur ?**
   (a) Bleue
   (b) Verte
   (c) Rouge

3. **Qui n'est pas couturier français ?**
   (a) Gianni Versace
   (b) Jean-Paul Gaultier
   (c) Hubert de Givenchy

4. **Yves Saint Laurent est né où ?**
   (a) Aux États-Unis
   (b) En Algérie
   (c) En Australie

5. **Le plus grand magasin Louis Vuitton se trouve dans quelle rue ?**
   (a) Les Champs-Élysées
   (b) La Rue Nationale
   (c) Grafton Street

6. **Il y a combien de défilés *(fashion shows)* à Paris par an ?**
   (a) 4 000
   (b) 140
   (c) 400

7. **C'est quoi « un nœud papillon » en anglais ?**
   (a) A butterfly necklace
   (b) A bow-tie
   (c) A hat

8. **Le jean denim a été créé dans quelle ville française ?**
   (a) Lille
   (b) Toulouse
   (c) Nîmes

9. **Quelle maison de mode française a un parfum qui s'appelle No.5 ?**
   (a) Louis Vuitton
   (b) Chanel
   (c) Yves Saint Laurent

10. **Quel grand couturier a un musée à Paris dédié à sa collection de vêtements haute couture ?**
    (a) Yves Saint Laurent
    (b) Louis Vuitton
    (c) Hervé Léger

(b) Échangez les feuilles de réponses avec un autre groupe. Corrigez les réponses avec le PowerPoint. (Cliquez 👆 ou allez sur le site **mentorbooks.ie/resources** et choisissez l'option TY French/ Chapitre 6/ Quiz answers.)

(c) Faites une liste de tous les couturiers français *(French fashion designers)* que vous connaissez. Relisez le quiz pour vous aider.

(d) Partagez votre liste avec la classe et gardez une liste définitive dans votre cahier.

2 Les grands couturiers français

(a) Reliez la maison de mode avec le logo.

Les Maisons de Mode

1. Christian Dior **2.** Hubert de Givenchy **3.** Louis Vuitton **4.** Hermès **5.** Coco Chanel **6.** Yves Saint Laurent

Les Logos

A. 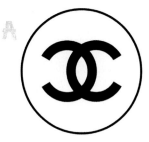   B.    C.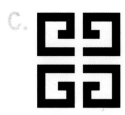

D.    E.    F.

Maison de Mode	1	2	3	4	5	6
Logo						

(b) Choisissez un des couturiers ci-dessus et faites une recherche sur sa vie sur internet.   Présentez votre recherche dans un poster ou un PowerPoint.

(c) Lisez l'article sur la couturière française Coco Chanel et répondez aux questions. Vous pouvez écouter le texte.

Gabrielle Bonheur « Coco » Chanel voit le jour à Saumur en <u>1883.</u> Orpheline à 12 ans, elle grandit dans un orphelinat avec ses sœurs. Elle apprend la couture auprès de sa tante à l'âge de 18 ans et débute sa carrière en 1903 dans un atelier qui fabrique des trousseaux et layettes. Dès 1907, attirée par la scène, Coco Chanel chante dans les cafés à Vichy. Elle garde de cette époque son surnom, « Coco » car elle chantait « Qui qu'a vu coco sur le Trocadéro ? ».

Entre 1913 et 1915, elle a ouvert des boutiques à Deauville et Biarritz, villes d'exil pour la haute société pendant la guerre. Ses chapeaux simples et sophistiqués sont très appréciés. Dans sa boutique de Biarritz, Coco Chanel installe sa première véritable maison de couture où elle dessine ses premières créations. La pénurie de tissu due à la guerre amène la créatrice à se fournir en jersey, une matière réservée alors aux sous-vêtements, c'est un succès. Coco Chanel retranscrit sa volonté de modernité pour la femme dans ses créations en lui conférant une allure androgyne, à travers des robes droites et le pantalon jusqu'alors réservé aux hommes. Au sortir de la guerre, son entreprise est prospère et emploie environ 300 ouvrières.

En 1921, elle devient la première créatrice à lancer son parfum, le célèbre N°5 de Chanel. En 1926, Coco Chanel dessine la fameuse petite robe noire, couleur alors réservée au deuil, inspirée par l'uniforme qu'elle portait étant jeune. Le modèle devient un classique de la maison de couture, et plus généralement, dans la mode.

En 1932, Coco Chanel, fervente adepte de perles et bijoux en tout genre, devient la première créatrice à lancer une ligne de Haute Joaillerie. À l'annonce de la Seconde Guerre mondiale, Coco Chanel ferme les portes de sa maison de couture pour se consacrer uniquement aux parfums. À la libération, Coco Chanel s'installe en Suisse. En 1954, Gabrielle Chanel s'installe définitivement dans ses appartements de l'Hôtel Ritz, devenus aujourd'hui la Suite Coco Chanel. Elle crée de nouveaux modèles qui deviendront des classiques, comme le tailleur en tweed et les ballerines bicolores.

Pendant les années 60 et la révolution Hippie, Coco Chanel se fait discrète, elle vit confinée entre ses appartements et sa maison de couture, travaillant avec acharnement. Coco Chanel décède en janvier 1971, à l'âge de 87 ans, alors qu'elle prépare une nouvelle collection, qui sera présentée à titre posthume.

Les Questions :

1. Coco Chanel est née en quelle année ?
2. Qui lui a appris la couture ?
3. Comment a-t-elle reçu le surnom « Coco » ?
4. Qu'est-ce qu'elle a fabriqué à Deauville et Biarritz ?
5. Quel tissu a-t-elle utilisé pendant la guerre ?
6. Quel style révolutionnaire Coco Chanel a proposé pour les femmes ?
7. Qu'est-ce qu'elle a créé en 1921 ?
8. Quels sont les deux modèles classiques qu'elle a créés vers la fin de sa carrière ?
9. Où est-ce qu'elle a passé la fin de sa vie ?
10. <u>Soulignez</u> tous les chiffres dans le texte (le premier est déjà fait).

3 On révise les chiffres

quatre-vingt-dix-neuf · quatre-vingt-dix-neuf · huit · soixante-six · trois · Trente-sept · cinquante-deux · trente · quatre · quarante · huit · soixante-six · quatre · quarante · quatre-vingts · zéro · Trente-neuf · vingt-quatre · douze · Trente-neuf · quarante-six · cinquante · cinquante-quatre · dix-huit · quarante-six · soixante-et-onze · cinquante-quatre · dix-huit · soixante-et-onze · quatre-vingt-un · quatre-vingt-quatre · vingt-et-un · quatre-vingt-quatre · vingt-et-un

(a) Divisez la classe en quatre groupes. Chaque groupe a des chiffres à réviser. Chaque groupe va présenter leurs chiffres à la classe. Il faut noter :

1. La prononciation des chiffres.
2. L'orthographe des chiffres.
3. Les règles pour nous aider à apprendre les chiffres (par exemple, 80 = 4 x 20 = quatre-vingts).
4. Préparez une activité pour s'entraîner avec les chiffres.

Groupe 1 : Les chiffres de 0 à 29
à haute voix avec la classe :
0 1 2 3 4 5 6 7 8 9 10
11 12 13 14 15 16 17 18 19 20
21 22 23 24 25 26 27 28 29

Groupe 2 : Les chiffres de 30 à 69 :
30 = Trente
40 = Quarante
50 = Cinquante
60 = Soixante

Groupe 3 : Les chiffres de 70 à 100 :
70 = Soixante-dix
71 = Soixante-et-onze
72 = Soixante-douze
80 = Quatre-vingts
90 = Quatre-vingt-dix
100 = Cent

Groupe 4 : Les chiffres de 500 à 1 000 000 :
500 = Cinq-cents
1 000 = Mille
2 000 = Deux-mille
10 000 = Dix-mille
1 000 000 = Un million

(b) Relisez la liste des chiffres dans la biographie de Coco Chanel, page 103.

(c) Lisez les chiffres avec un partenaire et écrivez les chiffres dans votre cahier.

(d) Avec un partenaire, répondez aux questions suivantes :

1. Tu es né(e) en quelle année ?
2. Quel est ton numéro de téléphone ? (le numéro peut être réel ou imaginaire)
3. Quel est le numéro de cette salle de classe ?
4. Quelle est la population de l'Irlande ?
5. Il y a combien de joueurs dans une équipe de football ?
6. Nous passerons notre baccalauréat en quelle année ?

4 Les styles de mode

(a) Reliez le vêtement avec l'image.

1. Un sweat à capuche rouge
2. Une jupe bleue
3. Une robe rouge
4. Un manteau blanc
5. Une veste verte
6. Un t-shirt bleu
7. Des collants noirs
8. Une casquette noire
9. Une chemise blanche
10. Des chaussures vertes
11. Un pantalon noir
12. Un pull vert

A.	B.	C.	D.	E.	F.	G.	H.	I.	J.	K.	L.

(b) Avec un partenaire, faites une liste de tous les vêtements que vous connaissez. Vous pouvez utiliser un dictionnaire.

(c) Partagez votre liste avec la classe.

(d) Écoutez la description des styles de mode et mettez-les dans le bon ordre.

Le style hipster

Le style sportif

Le style gothique

Le style décontracté

Conversation	1	2	3	4
Style				

(e) Réécoutez les descriptions plusieurs fois en regardant les images.

(f) Choisissez une des images et écrivez la description dans votre cahier. Vous pouvez ajouter plus d'informations dans votre description.

5 Un peu de grammaire

(a) Relisez la description des vêtements de l'exercice 4(a).

How does the spelling of a colour change if it is describing:
1. A feminine singular noun
2. A feminine plural noun
3. A masculine plural noun

(b) Complétez le tableau avec toutes les couleurs :

Masculine singular	Feminine singular	Masculine plural	Feminine plural
Bleu			
Vert			
Noir			
Gris			
Rouge			
Jaune			
Rose			

* Violet, blanc, marron et orange sont des adjectifs irréguliers.

Violet	Un pantalon **violet**	Une jupe **violette**	Des baskets **violets**	Des chaussettes **violettes**
Blanc	Un pantalon **blanc**	Une jupe **blanche**	Des baskets **blancs**	Des chaussettes **blanches**
Marron	Un pantalon **marron**	Une jupe **marron**	Des baskets **marron**	Des chaussettes **marron**
Orange	Un pantalon **orange**	Une jupe **orange**	Des baskets **orange**	Des chaussettes **orange**

Les adjectifs irréguliers

Regular adjectives in French follow the regular rules:
If you look up an adjective in the dictionary, it will always be listed in the **masculine singular** form, e.g. petit (small).

To describe a feminine noun, add '**e**', e.g. **petite**
To describe a masculine plural noun, add '**s**', e.g. **petits**
To describe a feminine plural noun, add '**es**', e.g. **petites**

There are two groups of **irregular adjectives:**
1. Those that follow a pattern or rule.

   The following endings usually follow the same pattern when changing from masculine to feminine:
   1. -if becomes -ive
   Exemple : Le chien est actif. La perruche est act**ive**.
   2. -el becomes -elle
   Exemple : Le repas était sensationnel. La vue était sensationn**elle**.
   3. -il becomes -ille
   Exemple : Mon grand-père est gentil. Ma grand-mère est gent**ille**.
   4. -on becomes -onne
   Exemple : Le chiot est mignon. La girafe est mign**onne**.
   5. -s becomes -sse
   Exemple : Le hamburger est gras. La viande est gra**sse**.
   6. -en becomes -enne
   Exemple : Il est italien. Elle est itali**enne**.
   7. -et becomes -ète
   Exemple : Il est très inquiet. Elle est très inqui**ète**.
   8. -er becomes -ère
   Exemple : Je suis arrivée le mois dernier. Je suis arrivée la semaine dern**ière**.
   9. -eur becomes -euse
   Exemple : Le pull est flatteur. La robe est flatt**euse**.
   10. -eux/-eur becomes -euse
   Exemple : Le cheval est parresseux. La souris est parress**euse**.

2. Those that don't follow a pattern or rule.

   Some **irregular** adjectives don't follow a rule when changing from masculine to feminine and must be learned by heart.

Masculine singular	Feminine singular	Masculine plural	Feminine plural	In front of a vowel
Beau	Belle	Beaux	Belles	Bel
Nouveau	Nouvelle	Nouveaux	Nouvelles	Nouvel
Fou	Folle	Fous	Folles	Fol
Vieux	Vieille	Vieux	Vieilles	Vieil
Frais	Fraîche	Frais	Fraîches	X
Doux	Douce	Doux	Douces	X
Favori	Favorite	Favoris	Favorites	X

(c) Lisez les phrases et <u>soulignez</u> les adjectifs dans chaque phrase. Il y en a sept, le premier est déjà fait.

Parlons mode: les adjectifs irréguliers

Dans le passé, on avait un style plus **<u>simple</u>**. Aujourd'hui, on a des styles différents selon les activités qu'on fait dans la vie. Si on mène une vie active, on porte souvent un legging ou un short avec un t-shirt ou un sweat à capuche.

L'ancien style pour les femmes était composé de robes et de jupes. Aujourd'hui, on préfère porter un pantalon confortable, ce qui est pratique aussi pour les activités considérées comme des activités sportives, par exemple si on fait du vélo ou de l'équitation.

Pour les hommes, c'est parfois le contraire. Les nouvelles modes ressemblent à la mode du passé, par exemple le style Hipster, où on voit les hommes qui portent un nœud papillon et une barbe.

(d) Mettez les sept adjectifs du texte dans le tableau.

Masculine singular	Feminine singular	Masculine plural	Feminine plural
simple	simple	simples	simples

(e) Dans chaque phrase, ⬭entourez⬮ le bon adjectif.

1. Mon professeur est créative / créatifs / créatif.
2. Tout le monde était heureux / heureuse / heureuses.
3. C'est une bonne / bon / bons idée !
4. L'histoire est ma matière favori / favorite / favoris.
5. J'ai un nouvelle / nouvel / nouveau ordinateur.
6. Monica est australien / australienne / australiens.
7. Mon frère est travailleur / travailleuse / travailleuses.
8. Nous habitons dans de vieux / vieille / vielles maisons.

La position des adjectifs

Most adjectives in French are placed after the noun, e.g. 'les chaussures bleues'.

However, there is a rule for which adjectives are placed *before* the noun:

B - A - N - G - S

Beauty   **A**ge   **N**umber   **G**oodness   **S**ize

Exemples :

Beauty: C'est une **jolie** robe.

Age: J'ai acheté un **vieil** appareil photo.

Number: La bibliothèque est au **premier** étage.

Goodness: J'ai de **bonnes** nouvelles.

Size: J'ai une **petite** sœur.

6 Un jeu

(a) Utilisez un dictionnaire pour compléter le tableau. Écrivez au moins trois adjectifs dans chaque colonne.
Le premier est déjà fait :

Beauty	Size	Positive emotion	Negative emotion	Niceness
beau/belle	énorme	inoubliable	triste	mignon/mignonne

(b) On joue !

1. Divisez la classe en groupes.
2. Chaque groupe a un dé et une page.
3. Chacun à votre tour, jetez le dé et avancez.
4. Si vous arrivez à une image, il faut décrire l'image avec au moins deux adjectifs.
5. Si vous arrivez à une question, répondez à la question.

Le jeu est à la page 158.

On utilise « c'est » pour dire « it is ».
Par exemple « C'est un petit chat noir » .

7 Le document

(a) Sur YouTube, tapez « Cyprien Le Style Vestimentaire ». Regardez la vidéo et notez :
1. Les vêtements que vous entendez.
2. Les styles de mode que vous entendez.
3. Les deux styles de jean que vous entendez.

(b) Lisez la description du style personnel d'Antoine. Vous pouvez écouter le texte.

Mon Style Personnel

Je décrirais mon look comme sportif et décontracté. Comme je joue au football, au basket et que je fais de l'athlétisme, je suis souvent habillé en survêtement – un pantalon avec un t-shirt ou un sweat à capuche. Ma marque préférée est Nike. Je porte des baskets et souvent une casquette. Le soir, quand je sors avec mes amis, je porte un jean et une chemise. Je ne dépense pas beaucoup d'argent dans les vêtements. Ma mère me donne de l'argent pour mon anniversaire ou à Noël et je fais du shopping en ville avec mes amis. Je n'ai pas de magasin préféré. J'ai des amis qui font leur shopping en ligne. On peut trouver des vêtements de marque pas cher et même des marques qu'on ne trouve pas en Irlande. J'aime bien le style de Ronaldo – il porte souvent une tenue de sport, mais il a également un style très chic.

(c) Quel est votre style personnel ? Répondez aux questions suivantes pour décrire votre style personnel :
1. D'habitude, que portez-vous le week-end ?
2. Où est-ce que vous achetez vos vêtements ?
3. Est-ce que vous avez un « look » préféré ? Lequel ?
4. Décrivez votre tenue *(outfit)* préférée.

(d) Posez et répondez aux questions avec un partenaire.

(e) Écrivez une description de votre style personnel. Vous pouvez présenter votre style à la classe.

(f) Complétez la fiche du document.

(Cliquez 🖱 ou allez sur le site **mentorbooks.ie/resources** et choisissez l'option TY French/Chapitre 6/La fiche du document.)

8 Une chanson

(a) Utilisez un dictionnaire pour trouver la traduction anglaise des adjectifs suivants :

Français	Anglais
heureux	
capable	
réalisable	
insoumis	
seul	
inoffensive	
naïve	

(b) Partagez vos réponses avec un partenaire.

(c) Allez sur YouTube et tapez « Toi + Moi Grégoire My Major Company ».

(d) Écoutez la chanson et remplissez les blancs avec les adjectifs de l'activité 8 (a).

Toi + Moi Grégoire

Toi plus moi, plus eux plus tous ceux qui le veulent,
Plus lui plus elle et tous ceux qui sont 1. _____
Allez venez et entrez dans la danse
Allez venez, laissez faire l'insouciance
À deux à mille je sais qu'on est
2. _____
Tout est possible tout est
3. _____
On peut s'enfuir bien plus haut que nos rêves
On peut partir bien plus loin que la grève
Oh toi plus moi, plus tous ceux qui le veulent,
Plus lui plus elle plus tous ceux qui sont seuls
Allez venez et entrez dans la danse
Allez venez c'est notre jour de chance
Avec l'envie la force et le courage
Le froid la peur ne sont que des mirages
Laissez tomber les malheurs pour une fois
Allez venez, reprenez avec moi
Oh, toi plus moi, plus tous ceux qui le veulent,
Plus lui plus elle et tous ceux qui sont seuls
Allez venez et entrez dans la danse
Allez venez laissez faire l'insouciance
Je sais c'est vrai ma chanson est
4. _____
Même un peu bête, mais bien
5. _____
Et même si elle ne change pas le monde

112

Elle vous invite a entrer dans la ronde
Oh toi plus moi plus tous ceux qui le veulent
Plus lui plus elle et tous ceux qui sont seuls
Allez venez et entrez dans la danse
Allez venez c'est notre jour de chance
L'espoir l'ardeur sont tous ce qu'il te faut
Mes bras mon cœur mes épaules et mon dos
Je veux te voir des étoiles dans les yeux
Je veux nous voir

6. _____ et

7. _____

Oh toi plus moi plus tous ceux qui le veulent
Plus lui plus elle et tous ceux qui sont seuls
Allez venez et entrez dans la danse
Allez venez, laissez faire l'insouciance
Oh toi plus moi plus tous ceux qui le veulent
Plus lui plus elle et tous ceux qui sont seuls
Allez venez et entrez dans la danse
Allez venez c'est notre jour de chance
Oh toi plus moi plus tous ceux qui le veulent
Plus lui plus elle et tous ceux qui sont seuls
Allez venez et entrez dans la danse
Allez venez et entrez dans la danse

Toi + moi
Écrit et composé par Grégoire Boissenot
Interprété par Grégoire
Édité par My Major Company Éditions,
Bamago et Luniprod
℗ et © 2008 My Major Company

(e) Regardez la vidéo sans ou avec le son. Cochez toutes les tenues que vous voyez dans la vidéo. Le premier est déjà fait.

Un short vert	
Un jean bleu et un sweat à capuche bleu marine	
Un pantalon blanc et une chemise rose	
Une chemise jaune et un jean	
Un tutu	
Une veste noire et un t-shirt blanc	✓
Une robe violette	
Un costume marron	
Une robe longue	
Un pantalon noir et un pull rouge	
Un jean blanc et une chemise orange	
Un jean bleu et un t-shirt blanc	
Une veste marron et une chemise blanche	

(f) Vérifiez vos réponses avec un partenaire et avec la classe.

9 Un débat

(a) Regardez l'image. Trouvez un titre pour l'image.

(b) Avec un partenaire, répondez aux questions suivantes :

1. Chez nous, quelle est la plus grande source de pollution (par exemple : la circulation, les déchets, les usines, l'agriculture) ?

2. Qu'est-ce qu'on fait déjà pour sauver la planète (par exemple : le tri (le recyclage) , les transports en commun, éviter d'utiliser le plastique) ?

3. Qu'est-ce qu'on peut faire pour améliorer la situation ?

(c) **On s'entraîne pour le bac.** Lisez l'article et répondez aux questions. Suivez les étapes pour lire l'article :

Étapes :

1. Lisez le titre.
2. Lisez les questions, <u>soulignez</u> les mots-clés (*keywords*).
3. Lisez le texte.
4. Retournez vers les questions et trouvez les réponses dans le texte.

Et si on repensait notre rapport à la mode pour protéger la planète ?
JEAN-FRANCOIS MONIER AFP

Section 1 :
Le lancement des soldes d'hiver ne doit pas faire oublier les conséquences néfastes de l'industrie textile sur l'environnement.
Les enseignes du prêt-à-porter ne dérogent pas à la règle et proposent, elles aussi, d'importantes remises à l'occasion des soldes d'hiver qui débutent ce mercredi. Un moment propice pour repenser son rapport à la mode et inspecter ses placards avant de se lancer frénétiquement dans la course aux bonnes affaires.

L'industrie textile coûte cher à la planète
Fabriquer des vêtements requiert une quantité inouïe de ressources et l'industrie textile compte parmi les plus polluantes au monde. Selon la Fashion Revolution, un mouvement né en Grande-Bretagne après la catastrophe du Rana Plaza au Bangladesh, il faut 2 720 litres d'eau pour produire un seul t-shirt, ce qui correspond à ce que nous buvons en l'espace de trois ans. Pour fabriquer un jean, il faut utiliser l'équivalent de 285 douches. La fondation Ellen MacArthur apporte une autre donnée parlante : 4% de l'eau potable dans le monde est utilisée pour produire nos vêtements.

Section 2 :

L'industrie textile génère également de nombreux trajets en bateau, avion ou camion pour acheminer la marchandise, souvent fabriquée à l'autre bout du monde. On estime que 80 milliards de vêtements sont livrés chaque année par des usines dans le monde entier. La production mondiale a même doublé en près de quinze ans, note l'Agence de l'environnement et de la maîtrise de l'énergie (Ademe) dans son rapport « Le revers de mon look ».

Pour fabriquer un vêtement, il faut aussi de la matière première, qu'elle soit naturelle ou chimique (cuir, laine, coton, lin, élasthanne…). Toutes ces matières ne se valent pas sur le plan écologique. La culture du coton, par exemple, nécessite beaucoup d'eau, de soleil et de pesticides, ce qui entraîne une pollution agricole et un risque pour la santé des cultivateurs. D'où la nécessité de privilégier les vêtements en coton biologique, ou avec des logos environnementaux.

Attention, l'entretien des vêtements (lavage, séchage, repassage) consomme beaucoup d'énergie et les lessives peuvent s'avérer très polluantes quand elles contiennent des parfums et des substances peu biodégradables.

Section 3 :

Acheter moins et recycler plus

Toujours selon la Fashion Revolution, la femme britannique moyenne stocke l'équivalent de 336 euros de vêtements qu'elle ne portera jamais. En moyenne, selon une autre étude, une personne achète 60% de vêtements en plus qu'il y a 15 ans et les conserve moitié moins longtemps.

Résultat : beaucoup de vêtements finissent à la décharge. L'Américain moyen jette environ 85 euros de vêtements, chaussures et autres textiles ménagers chaque année. Au Royaume-Uni, les vêtements jetés en un an suffiraient à remplir le Wembley stadium. Or, 95 % des vêtements jetés pourraient être recyclés ou surcyclés.

En France, textiles et chaussures peuvent être rapportés dans un point de collecte prévu à cet effet : locaux d'associations, conteneurs, boutiques.

Réparer, échanger, transformer

Bien sûr, il sera difficile de porter des années un jean sans l'abîmer. Plutôt que de le jeter au premier accroc ou à la première tâche, un raccommodage tout simple peut lui offrir une seconde vie. Il existe de nombreux tutoriels en ligne pour apprendre la technique japonaise du Sashiko Mending qui permet de combler joliment un trou.

Troquer, échanger, partager : le plus simple pour prolonger la vie d'un vêtement, c'est de lui trouver un nouveau propriétaire. La location de vêtements s'est aussi développée pour éviter d'acheter une tenue qui sera peu portée.

SUD OUEST
www.sudouest.com

Lexique

une enseigne: a brand
inouïe: incredible
livrés: delivered
s'avérer: prove to be
abîmer: to wear out
une tâche: a stain
la location: renting

Les questions :

1. Qu'est-ce qui commence ce mercredi ? (Section 1)
2. Pourquoi le mouvement Fashion Revolution a-t-il été créé ? (Section 1)
3. À part la fabrication des vêtements, quelle est la deuxième source de pollution liée à l'industrie textile ? (Section 2)
4. Donnez deux raisons démontrant que la production de tissu peut être nocive pour l'environnement ? (Section 2)
5. Par rapport à il y a 15 ans, comment nos habitudes vestimentaires ont-elles changé ? (Section 3)
6. Relevez la phrase qui veut dire « les Britanniques gaspillent beaucoup de vêtements » ? (Section 3)
7. Donnez deux solutions pour éviter la pollution liée aux vêtements ? (Section 3)
8. À quoi se rapportent les chiffres suivants dans le texte :
   2 720
   285
   4%
   80 milliards
   336 euros
   85 euros
   95%

9. In the Western World, we do not appreciate our clothes and we throw them out too easily. Do you agree? Support your answer with reference to the text. (Answer in English)

(d) « Il faut qu'on achète moins et recycle plus » êtes-vous d'accord ? Divisez la classe en deux – un groupe est d'accord, l'autre groupe n'est pas d'accord.

Le débat – comment ça se déroule

1. Divisez la classe en deux groupes.

2. Les deux groupes ont un point de vue différent : **oui** ou **non** pour la thèse.

3. Trouvez au moins trois arguments pour défendre votre point de vue.

4. Essayez de trouver des points originaux et/ou amusants.

5. N'ayez pas peur de donner des exemples personnels.

6. Commencez avec « Mesdames et Messieurs, je vais vous parler de … Je suis pour/contre la thèse ».

7. Introduisez les trois arguments avec « D'abord … / ensuite … / finalement … ».

8. Utilisez les phrases pour les débats page 160.

9. Décidez qui seront les orateurs/oratrices.

10. Chaque orateur/oratrice va parler pendant une minute.

10 La compréhension orale

Écoutez et répondez aux questions en anglais.

40 (a) Deux jeunes, Océane et Cyril, parlent d'un nouveau magasin de sport qui vient d'ouvrir en Irlande.

1. What is Océane's problem at the moment? (*two problems*)
2. What advice does Cyril offer her?
3. What type of shop has just opened near Cyril's house?
4. Which country does the shop come from?
5. What kind of things does Océane say you can buy there? (*two things*)
6. What does Cyril intend to buy there? (*two things*)
7. What does Océane intend to buy there? (*two things*)
8. What day do they agree to go to the shop?

41 (b) Deux jeunes, Olivier et Sarah parlent d'un défilé de mode qu'ils organisent pendant l'année de transition :

1. Why are the students organising a fashion show?
2. Who will be invited to participate in the fashion show? (*two points*)
3. Where will they get the clothes for the fashion show?
4. Name **two styles** that Olivier mentions.
5. Who will be invited to the fashion show?
6. What idea does Sarah have in order to encourage people to attend the fashion show?
7. How much is the school trip going to cost per person?
8. What task is Olivier going to start straight away?

42 (c) Magda et Jean parlent de leurs petits boulots :

1. What is Magda going to start tomorrow morning?
2. What kind of a shop will she be working in?
3. What days of the week will she be working?
4. What hours will she work each day?
5. What does Jean say she will be able to do on a Sunday?
6. What does Magda say she will be able to do on a Friday evening?
7. How much will she earn per hour?
8. How much will a second-hand car cost?
9. What does Magda offer to help Jean with?

11 On pratique

Exercice 1. Traduisez les mots en français et complétez les mot-croisés.

Horizontal
2. shoes (des)
5. jewellery (des)
11. seventy-one
12. jumper (un)
13. trousers (un)
14. dress (une)

Vertical
1. forty-five
3. happy (adj. feminine)
4. cute (adj. masc)
6. new (adj. masc. pl)
7. active (adj. masc.)
8. one-hundred
9. coat (un)
10. baseball cap (une)

Exercice 2. Travaillez avec un partenaire. Décrivez une tenue (utilisez les vêtements et les couleurs). Utilisez les images pour vous aider. Votre partenaire dois entourer les vêtements que vous décrivez.

Exercice 3. Regardez l'image. Écrivez une description de chaque personne. Commencez avec « Il porte... » et « elle porte... ». Lisez la description à votre partenaire

Exercice 4. Écrivez le résultat en toutes lettres.

a. 20 + 5 =

b. 30 + 60 =

c. 200 + 500 =

d. 100 − 10 =

e. 7 − 4 =

f. 12 + 4 =

g. 9 + 9 =

h. 35 + 15 =

Exercice 5. Complétez la phrase avec le bon adjectif.

1. J'ai une _____ paire de baskets. **(nouveau)**

2. Pour Noël, il a reçu un vélo _____.**(bleu)**

3. Ma meilleure amie est _____. **(australien)**

4. Les chiens sont _____, ils ne veulent pas sortir. **(paresseux)**

5. Les chansons étaient _____. **(exceptionnel)**

6. Les enfants d'aujourd'hui sont plus _____qu'auparavant. **(sportif)**

7. Nous sommes allées à Paris l'année _____. **(dernier)**

8. Mes grands-parents étaient _____ de recevoir ma carte postale. **(content)**

Exercice 6. Vous faites un échange dans une école en France. Vous devrez présenter la mode des jeunes en Irlande. Écrivez une description de la mode en Irlande - ce que les filles aiment porter et ce que les garçons aiment porter.
(Environ 50 mots)

Exercice 7. Regardez l'image « Le cycle de vie d'un vêtement » (p.120) et lisez les informations. Lisez les phrases et dites si elles sont vraies ou fausses :

	Vrai	Faux
1. Les lavages fréquents prolongent la vie d'un vêtement.	☐	☐
2. Les produits de lessive sont des polluants.	☐	☐
3. Les vêtements contiennent des microparticules.	☐	☐
4. La plupart des vêtements ne sont pas recyclés.	☐	☐
5. 50% des vêtements collectés sont réutilisés.	☐	☐
6. 80% des vêtements jetés sont incinérés.	☐	☐
7. 10% des vêtements jetés sont recyclés.	☐	☐

LE CYCLE DE VIE
D'UN VETEMENT

Les lavages trop fréquents usent les fibres

L'utilisation de lessive nuit à l'environnement

15 à 30% des plastiques qui polluent les océans seraient des microparticules

Les vêtements contenant des fibres synthétiques rejettent des particules dans l'environnement

35% d'entres elles proviendrait des vêtements synthétiques lavés

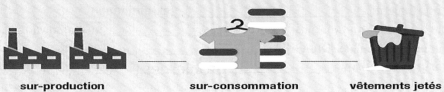

sur-production

sur-consommation

vêtements jetés

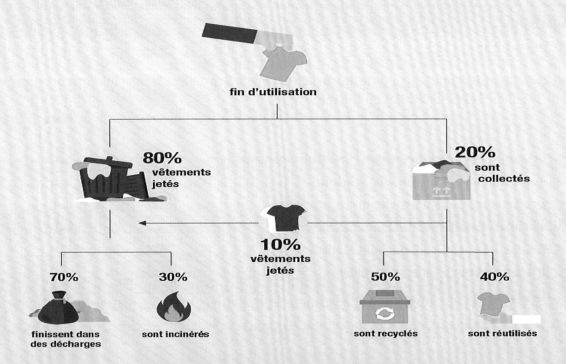

fin d'utilisation

80% vêtements jetés

20% sont collectés

10% vêtements jetés

70% finissent dans des décharges

30% sont incinérés

50% sont recyclés

40% sont réutilisés

Répartition Finale des Vêtements Jetés

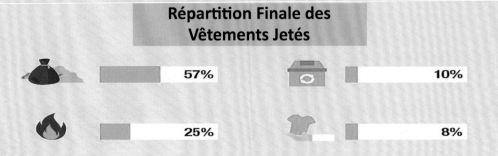

57%

10%

25%

8%

7

LE SPORT

In this chapter you will:

- Test your knowledge of *Le sport en France.*
- Look at a selection of documents for the oral exam.
- Be prepared for reading comprehension questions in your Leaving Cert examination.
- Do a project on *Les dragons du sport.*
- Talk about problems in the world of sport.
- Look at the main characteristics of a healthy life.
- Listen to young people talking about sport and sporting events.

La grammaire :
Les mots interrogatifs
Les adverbes

La culture :
Jean-Jacques Goldman
La chanson « Le coureur »
Les salles de fitness en France

1 Un quiz

(a) Que savez-vous sur le sport en France ? Par petits groupes, répondez aux questions du quiz ! Écrivez vos réponses sur une feuille. Vous pouvez utiliser internet pour vous aider.

1. **Tony Parker est un grand joueur français de ...**
    (a) Handball
    (b) Basket-ball
    (c) Football

2. **Le baudrier, le descendeur et la corde sont utilisés dans quelle activité sportive ?**
    (a) La marche à pied
    (b) Le ski nautique
    (c) L'escalade

3. **Le site internet Equidia.fr se consacre à quel sport ?**
    (a) L'équitation
    (b) Le tir à l'arc
    (c) La natation

4. **Yannick Noah était un très célèbre ...**
    (a) Joueur de tennis
    (b) Footballeur
    (c) Joueur de basket-ball

5. **Quel sport est le plus populaire en France ?**
    (a) Le rugby
    (b) Le football
    (c) L'équitation

6. **Combien de fois Les Bleus ont-ils gagné la Coupe du Monde de football ?**
    (a) Une fois
    (b) Deux fois
    (c) Trois fois

7. **Dans lequel de ces sports a-t-on besoin de matériel spécifique ?**
    (a) L'escrime
    (b) La course à pied
    (c) La danse

8. **Les Jeux Olympiques sont organisés tous les ...**
    (a) Quatre ans
    (b) Cinq ans
    (c) Six ans

9. **Laquelle de ces trois femmes fut Ministre des Sports et une grande escrimeuse française ?**
    (a) Laure Manaudou
    (b) Serena Williams
    (c) Laura Flessel

10. **Combien de kilomètres doit-on courir lors d'un marathon ?**
    (a) Trente-sept kilomètres
    (b) Cinquante-quatre kilomètres
    (c) Quarante-deux kilomètres

(b) Échangez les feuilles de réponses avec un autre groupe. Corrigez les réponses avec le PowerPoint.

(Cliquez 🖱 ou allez sur le site **mentorbooks.ie/resources** et choisissez l'option TY French/ Chapitre 7/Quiz answers

2 Le document 💬

(a) Jules a préparé son document pour l'oral de français. Il adore le sport et il a choisi trois photos qui le montrent en train de faire du sport. Écoutez sa présentation divisée en trois parties et remplissez le tableau avec le numéro de la photo décrite dans chaque partie.

1.

2.

3.

Première partie	Photo _____
Deuxième partie	Photo _____
Troisième partie	Photo _____

(b) Choisissez deux ou trois photos de vous en train de faire du sport (à l'école ou ailleurs) et écrivez une description des deux ou trois photos.

(c) Enregistrez votre description et envoyez-la à votre professeur.

3 On s'entraîne pour le bac 📖

Coup de pouce

In your Leaving Cert exam you are often asked questions starting with *qui, quoi, qu'est-ce que, que, comment, combien, pourquoi, quand, où* and *quel*. These question words are very important. Fill in table **(a)** to make sure you know what they mean. Vous pouvez utiliser un dictionnaire!

(a) Le tableau des mots interrogatifs :

Français	Anglais
Qui	
Quoi / Qu'est-ce que / Que	
Comment	
Combien	
Pourquoi	
Quand	
Où	
Quel / Quels / Quelle / Quelles	

(b) Lisez l'article et répondez aux questions :

Les Bleus champions du monde et de la solidarité

Section 1 :
Les Champions du monde vont redistribuer une grande partie de leur prime au monde associatif. Un fond d'actions a été créé dans ce but.

Partis en vacances chacun de leur côté après avoir célébré pour certains leur sacre dans leur ville d'origine, les Bleus vont prochainement toucher leurs primes de Coupe du monde. Grâce au succès face à la Croatie, les vingt-trois joueurs vont toucher chacun une récompense comprise entre 350 000 et 400 000 euros, conformément à l'accord trouvé avec la Fédération française (FFF).

Cet accord prévoyait d'allouer 30 % du montant total versé par la Fifa au pays vainqueur de la Coupe du monde aux joueurs, soit 9,75 millions sur 32 millions d'euros. Mais l'argent de poche de ces stars qui jonglent avec les millions (3,6 par an pour Adil Rami à l'OM ou 23 millions pour Antoine Griezmann à l'Atlético Madrid) ne restera pas longtemps sur leurs comptes en banque.

Section 2 :

Car comme le veut la coutume, les Bleus reverseront une partie de ces gains aux petites mains de l'encadrement de l'équipe de France. Les champions du monde 2018 ont décidé d'aller plus loin encore en reversant une partie de leurs primes à une ou plusieurs associations. « C'est au libre choix de chacun. Certains se réunissent pour faire une cagnotte à reverser à plusieurs associations, d'autres le font de façon individuelle », avait confié au Figaro Noël Le Graët, le président de la FFF, en plein Mondial.

Section 3 :

Kylian Mbappé avait déjà fait son choix en concertation avec sa famille depuis un moment déjà. « Il y a deux ou trois mois, sa maman m'avait dit : « Vous êtes fous de donner des primes à ces garçons-là qui sont déjà très bien payés. Mon fils n'en prendra pas », expliquait le président de la FFF avant la demi-finale face à la Belgique. L'attaquant du PSG a tenu parole. Son magot renflouera les caisses de l'association Premiers de cordée, dont il est le parrain depuis 2017. Et Noël Le Graët d'ajouter : « Florian Thauvin est un garçon très généreux aussi. Les primes, nous, on les donne aux joueurs, mais chacun fait ce qu'il veut et s'organise comme il le souhaite. »

L'Équipe a révélé, jeudi, que les Tricolores s'étaient organisés dès le printemps, à l'initiative du gardien Hugo Lloris, pour créer un fonds d'actions baptisé « Avenir Bleu ». Cette cagnotte a d'abord été alimentée par les primes touchées lors des rencontres de préparation au Mondial. Les hôpitaux de Marseille ou Créteil avaient ainsi pu s'acheter des voiturettes électriques pour les enfants malades et ceux de Versailles et Paris (XVIIe arrondissement) s'étaient équipés de casques de réalité virtuelle. Ce fonds de solidarité doit s'installer dans la durée et sera abondé à l'avenir par une partie des droits à l'image des Tricolores à chaque match international.

LE FIGARO

Les questions :

1. Qu'est-ce que les champions ont décidé de faire de leur prime ? (Section 1)
2. Où certains joueurs ont-ils célébré leur grande victoire ? (Section 1)
3. Combien de joueurs toucheront une prime ? (Section 1)
4. Que représente la somme de 400 000 euros ? (Section 1)
5. Choisissez la meilleure réponse. Dans la Section 2, on apprend que les joueurs de l'équipe de France :
   (a) doivent faire un don à une association.
   (b) ne veulent pas faire un don à une association.
   (c) vont faire un don à une ou plusieurs associations.
   (d) donneront toutes leurs primes aux petites mains de l'encadrement .
6. Qui pense que les joueurs de l'équipe ne devraient pas avoir de prime ? (Section 3)
7. Quel pays la France a-t-elle rencontré en demi-finale ? (Section 3)
8. Citez la phrase qui montre que Kylian Mbappé a tenu sa promesse ? (Section 3)
9. Qu'est-ce que les hôpitaux de Versailles et Paris ont acheté avec les fonds de « Avenir Bleu » ? (Section 3)
10. The article gives a positive image of the French team players. Do you agree? Support your answer with reference to the text.

4 Les différentes pratiques sportives

(a) Répondez aux questions avec un partenaire.

1. Quelles sont les différentes pratiques sportives représentées par les trois images ci-dessus ?
2. Associez un de ces trois titres à chaque image A, B ou C ?

Le sport de plein air. **Image** _____ Les salles de sport / fitness. **Image** _____
Les cours en salle. **Image** _____

(b) Complétez le tableau. Mettez tous les mots ci-dessous dans la bonne colonne.

le parc   **le conseiller sportif**   **les haltères**

le vélo   **le yoga**   **le tapis roulant**   la zumba   **les poids**

la musculation   les promenades   **la méthode Pilates**

la danse   **le professeur**

Le sport de plein air	Les salles de sport / fitness	Les cours en salle

(c) Regardez les arguments ci-dessous et associez-les à la bonne image A, B ou C.

1. On peut demander l'aide d'un conseiller sportif pour mettre au point un planning spécialisé.
   Image _____
2. On peut changer d'activité physique assez souvent. **Image** _____
3. C'est gratuit. **Image** _____
4. On suit les conseils et les instructions d'un professeur qualifié. **Image** _____
5. La météo importe peu. **Images** _____ et _____

(d) Quelle image représente votre activité sportive préférée, A, B ou C ? Expliquez votre choix.

(e) Lisez l'article ci-dessous et remplissez le tableau en associant le bon chiffre à chaque argument de l'article. Vous pouvez écouter le texte.

| 5,1 millions | 41 euros | 2,465 milliards | 7,8% | 5,050 | 9,3 millions | 21,1% |

5,46 millions de Français sont inscrits dans une salle de fitness

En 2016, les Français étaient 5,46 millions à être inscrits dans une salle de fitness, soit une augmentation de 5% par rapport à l'année précédente. Le chiffre d'affaires du marché hexagonal, qui s'élève à 2,465 milliards, est lui aussi en hausse.

En 2016, un Français sur douze était inscrit à une salle de fitness, soit 8,2% de la population (contre 7,8% en 2015). C'est ce que nous apprend le rapport publié ce mardi par le cabinet d'audit Deloitte et EuropeActive, l'association européenne de la santé et du fitness.

Loin derrière la Suède

Au total, en tenant compte de ce dernier recensement en date, 5,46 millions de Français sont abonnés à une salle (+5% par rapport à 2015). Ce qui place la France sur le podium des pays européens les plus adeptes du fitness, derrière l'Allemagne (10,1M) et le Royaume-Uni (9,3M) mais devant l'Italie (5,3M) et l'Espagne (5,1M).

Cependant, lorsque l'on effectue un classement en fonction du pourcentage (donné précédemment : 8,2%), la France chute à la septième place, loin derrière la Suède (21,1%), qui caracole en tête.

Augmentation du chiffre d'affaires

En termes de chiffre d'affaires, le marché français est le troisième plus important d'Europe, avec 2,465 milliards d'euros (contre 2,393 en 2015). Le Royaume-Uni (5,108) et l'Allemagne (5,050) sont encore les deux places fortes du continent en la matière (le total du chiffre d'affaires européen est de 26,3 milliards).

Enfin, le prix des salles de fitness en France a légèrement diminué. Le coût mensuel moyen (TVA comprise) est passé de 41,8 euros à 41 euros, ce qui pourrait traduire le développement du fitness dit « low cost ».

L'ÉQUIPE

	Les arguments	Les chiffres
1	Nombre de Français abonnés à une salle de sport.	5,46 millions
2	Chiffre d'affaires du marché français des salles de fitness en 2018.	
3	Nombre d'Espagnols abonnés à une salle de fitness.	
4	Pourcentage de Suédois inscrits dans une salle de fitness.	
5	Nombre d'Anglais abonnés à une salle de sport.	
6	Le prix mensuel d'un abonnement en salle de fitness.	
7	Pourcentage de Français inscrits à une salle de fitness en 2015.	
8	Ce que rapporte le marché allemand des salles de fitness.	

(f) À quelle image (A, B ou C) pouvons-nous associer l'article de *L'Équipe* ?

(g) Regardez les huit phrases ci-dessous et dites si c'est un avantage ou un inconvénient.

	Un avantage	Un inconvénient
1. On peut se faire des amis tout en restant en forme.		
2. Personne ne se parle, c'est très impersonnel.		
3. On peut y aller quand on veut car c'est ouvert tous les jours.		
4. Il y a un grand choix de machines pour travailler les différents muscles du corps.		
5. C'est très cher.		
6. Il y a aussi une piscine chauffée.		
7. Il y a plusieurs cours par semaine.		
8. C'est très facile d'accès, en voiture, en bus ou à pied.		

(h) En vous aidant des phrases ci-dessus, écrivez un petit article pour le site internet de l'Équipe Coaching qui présente les avantages de votre activité sportive préférée et incitera les jeunes à faire plus de sport / d'exercice.

5 Les dragons du sport

(a) Une femme d'affaires veut attribuer un budget de 50 000€ au meilleur projet sportif de votre ville pour encourager les jeunes à faire du sport.

Par équipe, choisissez un projet parmi les trois suivants ou pensez à un aménagement sportif nécessaire dans votre quartier.

- Ouvrir une salle de fitness pour les ados.
- Aménager un parcours sportif au parc municipal pour les ados.
- Organiser une salle avec des cours pour les jeunes du quartier.

N'oubliez pas d'inclure les détails

- Les prix
- L'endroit
- Les jours / heures d'ouverture
- L'équipe responsable
- Un dessin / schéma du projet
- Tous les avantages que cet aménagement apportera à votre quartier

Coup de pouce

Utilisez les expressions suivantes :
- Les bénéfices pour la santé
- L'importance de rester en forme
- Un endroit pour retrouver ses amis
- Un lieu décontracté
- Une distraction sportive

(b) Présentez votre projet à votre classe sous forme de poster ou PowerPoint. Votre professeur de français (et peut-être un ou deux invités) choisisont le projet gagnant.

6 Le monde du sport et ses problèmes

(a) Quels problèmes de sport sont représentés par les quatre illustrations ci-dessous?

(b) Lisez les quatre paragraphes et associez chaque image à un paragraphe. Vous pouvez écouter les textes.

Image _____	Image _____
Moi, je trouve que dans le monde du sport, les gens trichent de plus en plus pour gagner. Les tricheurs n'ont pas leur place sur un terrain de football ou dans un club de basket. Il faut respecter les règles pour gagner dignement et surtout ne jamais tricher. Les règles sont importantes.	Moi, j'aime beaucoup le football, mais je trouve que les joueurs sont bien trop payés. Les clubs avancent des sommes d'argent faramineuses pour acheter les joueurs qui marquent des buts. C'est n'importe quoi, vraiment c'est trop ! En plus, quelquefois, ils reçoivent des primes !
Image _____	**Image _____**
Mon sport préféré c'est le vélo. J'adore le Tour de France mais depuis quelques années, je trouve qu'il y a trop d'affaires de dopage. Les coureurs cyclistes se droguent pour être plus performants. C'est vraiment dommage ! Heureusement qu'il y a des tests pour contrôler tout ça !	Moi, j'adore le sport mais je trouve qu'aujourd'hui, de plus en plus de personnes veulent gagner à tout prix. Pour moi, le plus important, c'est de participer et de faire de son mieux. Perdre, ce n'est pas si grave que ça et ça arrive à tout le monde. Participer, c'est ça l'essentiel.

(c) Regardez cette illustration et écrivez un paragraphe sur le problème qu'il représente.

7 Une chanson

(a) Allez sur YouTube et tapez « Le coureur, Jean-Jacques Goldman ». Écoutez la chanson de Jean-Jacques Goldman et remplissez les blancs avec les mots ci-dessous.

dollars   podiums   la foule   numéro

chronomètre   gagner   l'argent   entraînement

Le coureur **Jean-Jacques Goldman**

Je courais sur la plage abritée des alizés
Une course avec les vagues, juste un vieux compte à régler
Pieds nus comme couraient mes ancêtres
Oh j'ai bien vu derrière ses lunettes
Un type avec un **(1)** _____

Je suis rentré au soir quand les vagues ont renoncé
Il était déjà tard mais mes parents m'attendaient
Y avait l'homme bizarre à la table,
Ma mère une larme, un murmure
Des **(2)** _____ et leurs signatures

J'ai pris le grand avion blanc du lundi
Qu'on regardait se perdre à l'infini
J'suis arrivé dans le froid des villes
Chez les touristes et les automobiles
Loin de mon ancienne vie

On m'a touché, mesuré comme on fait d'un cheval
J'ai couru sur un tapis et pissé dans un bocal
Soufflé dans un masque de toutes mes forces, accéléré plein d'électrodes
Pour aller jusqu'où j'avais trop mal

On m'a mis un **(3)** _____ sur le dos

Y avait des gens qui criaient, des drapeaux

On courait toujours en rond, des clous

Aux deux pieds pour écorcher la terre

Je la caressais naguère

J'ai appris à perdre, à **(4)** _____ sur les autres et le temps

À coups de revolver, de course en **(5)** _____

Les caresses étranges de **(6)** _____, les **(7)** _____

Et les coups de coude

Les passions, le monde et **(8)** _____

Moi je courais sur ma plage abritée des alizés

Une course avec les vagues, juste un vieux compte à régler

Puis le hasard a croisé ma vie

J'suis étranger partout aujourd'hui,

Était-ce un mal, un bien ?

C'est ainsi.

Songwriters: Jean-Jacques Goldman
Le coureur lyrics © BMG Rights Management US, LLC

(b) Mettez l'histoire du coureur dans le bon ordre, 1-8.

Un homme vient le recruter pour courir des marathons. __   Il quitte ses parents et son pays. __

Il s'entraîne comme un fou et court pour de l'argent. __   Il arrive en ville, dans un tout autre pays. __

Il se sent seul, loin de sa famille et de ses amis. __   Il prend l'avion. __

L'homme court à la plage près de chez lui, pour le plaisir **1**   On lui fait passer beaucoup de tests. __

(c) Quels problèmes dénonce cette chanson ?

(d) Un petit débat. Selon vous, le dopage et l'argent sont-ils en train de ruiner les valeurs du sport ?

Le débat – comment ça se déroule

1. Divisez la classe en deux groupes.

2. Les deux groupes ont un point de vue différent : **oui** ou **non** pour la thèse.

3. Trouvez au moins trois arguments pour défendre votre point de vue.

4. Essayez de trouver des points originaux et/ou amusants.

5. N'ayez pas peur de donner des exemples personnels.

6. Commencez avec « Mesdames et Messieurs, je vais vous parler de ... Je suis pour/contre la thèse ».

7. Introduisez les trois arguments avec « D'abord ... / ensuite ... / finalement ... ».

8. Utilisez les phrases pour les débats page 160.

9. Décidez qui seront les orateurs/oratrices. Chaque orateur/oratrice va parler pendant une minute.

10. Chaque orateur/oratrice va parler pendant une minute.

(e) Jean-Jacques Goldman est un artiste très célèbre et très populaire en France. Faites une recherche sur internet et trouvez une photo et cinq à dix faits intéressants sur Jean-Jacques Goldman. Partagez vos réponses avec le reste de la classe.

8 Une vie saine

(a) Quand on veut faire carrière dans le sport, il faut mieux être en bonne santé. Regardez les mots ci-dessous et placez les mots dans la bonne colonne du tableau.

un régime   équilibré   l'alcool   les drogues

cinq fruits et légumes par jour

la cigarette   l'eau   les médicaments

les entraînements   une vie sédentaire

une activité physique régulière

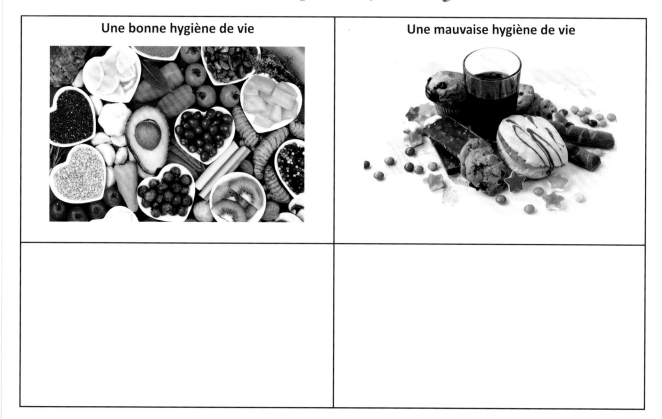

Une bonne hygiène de vie	Une mauvaise hygiène de vie

46 (b) Lisez le forum des jeunes et placez tous les mots orange dans le tableau. Vous pouvez écouter le texte.

Anglais	Français	Anglais	Français
really		quite	
quickly		always	
absolutely		very	

Anglais	Français	Anglais	Français
nearly		already	
immediately		a lot	
simply		never	
firmly		very much	

Le Forum Santé des Ados : Les cigarettes / le tabac

La cigarette, c'est dangereux ; moi, je déteste ça. La cigarette est tout simplement très mauvaise pour les poumons. Il y a pleins de cancers du poumon. Il y a des gens qui fument beaucoup et ils savent que la cigarette est dangereuse, mais ils ne peuvent pas s'empêcher de fumer. Bref, c'est vraiment une drogue. On devient vite accro. Moi, je suis contre, à 100%. Un avertissement : quand vous serez grand(e), ne fumez pas. Eva, 14 ans

Bonjour ! Si comme moi avant vous ne supportez absolument pas la fumée et que quelqu'un dans votre famille fume, réagissez immédiatement. Ma mère fumait. Elle a essayé plusieurs fois de s'arrêter, sans succès. Un jour, elle a essayé un programme «7 jours sans tabac ». Nous, on était super contents et on l'a aidée. Et même si elle a toujours envie de fumer, au moins, elle résiste ! Alors, courage et n'essayez jamais de fumer, comme ça vous n'aurez pas à arrêter ! Corinne, 16 ans

J'aimerais parler d'un danger auquel les jeunes sont souvent trop exposés : la cigarette. Il y a une semaine, ma classe a commencé un petit débat au sujet du tabac. La plupart des personnes ont carrément dit qu'elles connaissent les dangers du tabac, mais comme elles ont goûté et elles ont aimé la cigarette, après c'est difficile d'arrêter. Il y a déjà quelques élèves qui fument énormément dans ma classe. Ils ont 16 ans et ils fument quasiment tous les jours. Je trouve ça assez dommage ! Jean-Christophe, 15 ans

Stop Think

Look at all the words in table (b). Can you see a pattern (for some of them)?

Exemples : Ils travaillent **correctement**. Elles sortent **régulièrement**.
What are these words called? What do these words often describe?

Les adverbes

An adverb is a word that describes or gives more information about a verb, adjective, phrase, or other adverb. In the following sentences, quickly / *rapidement* and really / *vraiment* are all adverbs.

He ate quickly. *Il a mangé rapidement*.
It is really good. *C'est vraiment bon*.

1. How to form a regular French adverb from an adjective.
    Many adverbs end in -ment.
    If the adjective ends with a vowel, add -ment to the adjective to form the adverb.
    absolu ==> absolument (*absolutely*)
    poli ==> poliment (*politely*)

    If the adjective ends with a consonant, change it to the feminine form (by adding 'e'), then add -ment:
    Normal ==> normale ==> normalement (*normally*)
    éventuel ==> éventuelle ==> éventuellement (*eventually*)

2. The position of adverbs
    (a) Short adverbs, exemples : déjà – *already* / presque – *nearly*, that modify a verb usually follow the conjugated verb.
    Remember that in compound tenses like the passé composé (j'ai lu / il a fini), the auxiliary verb (ai / a) is the conjugated verb, so the adverb follows this verb.
    J'ai déjà lu ce livre. I already read that book.
    Il a presque fini. He has nearly finished.
    (b) If an adverb modifies an adjective or another adverb, it will be placed before the word it modifies.
    Cette robe est très (adverb) jolie (adjective).
    Tu conduis trop (adverb) vite (adverb).
    (c) If the adverb modifies the whole sentence, it is usually placed at the very start.
    Malheureusement, il est parti hier.
    Premièrement, je dois faire mon lit !

3. Common French adverbs
    Below are ten common French adverbs which you will find useful. Learn them by heart!

    Assez (quite, fairly)
    Il est assez doué en espagnol.

    Tard (late, later)
    Il arrive tard.

    Toujours (always)
    Vous aimez toujours les émissions culturelles.

    Très (very)
    La soupe est très chaude.

    Parfois (sometimes)
    Nous allons parfois à la bibliothèque.

    Trop (too much)
    Mes copains parlent trop.

    Rarement (rarely)
    Elle sort rarement.

    Rapidement (quickly)
    Elles lisent rapidement le journal dans le train.

    Maintenant (now)
    Elle mange maintenant.

    Lentement (slowly)
    Répétez lentement, s'il vous plaît.

(c) **Dans le cahier, réécrivez les phrases suivantes avec l'adverbe au bon endroit et traduisez en anglais.**

1. Il travaille à l'école. (peu)
2. Nous faisons du sport dans le parc. (régulièrement)
3. Je suis sensible. (trop)
4. Le professeur parle français en classe. (lentement)
5. Il marche vite. (toujours)
6. Il a gagné le match (heureusement)

(d) <u>Soulignez</u> **les adverbes dans les phrases en anglais et traduisez les phrases en français.**

1. He works hard in class.
2. She is now in Spain.
3. We are always on time.
4. He walks slowly.
5. They are not very tall.
6. He sometimes sings in the evening.
7. Unfortunately, I don't have time.
8. Are you too tired?
9. I politely declined the offer.
10. We rarely see them.

9 La compréhension orale

Écoutez les trois dialogues et répondez aux questions en anglais.

(a) **Deux élèves, Laure et Sandra vont disputer leur première compétition de judo. Elles sont très nerveuses.**

1. Why is Laure nervous?
2. What does Sandra tell her to comfort her?
3. What did the coach tell Laure at the meeting?
4. According to Sandra, why should they not worry?
5. Who is coming to support Sandra?
6. Who is coming to support Laure?
7. What is Laure's brother's dream?
8. How old is Laure's brother?
9. Describe the relationship between Laure and her brother.
10. Why is Laure going home?

48 **(b)** Pascal a gagné deux billets pour aller voir un match de tennis à Roland Garros. Il veut faire une surprise à son amie Béatrice qui adore le tennis et va fêter ses 18 ans au mois de juin.

1. What is the first question that Pascal asks at the start of the conversation?
2. What would Béatrice like to do for her birthday?
3. What two dates are mentioned in the conversation?
4. What is Béatrice doing on Sunday?
5. Why does Pascal want to keep his plan secret?
6. What clue does Pascal give Béatrice?
7. How old was Béatrice when she started to play tennis?
8. Who did she play with?
9. Who knows about Pascal's plan?
10. How long does she have to wait until her birthday?

49 **(c)** Marine et Bastien parlent de sport.

1. Which famous sports newspaper is Marine talking about?
2. What was the article about?
3. Why does Bastien not read the paper?
4. What will Bastien try to do this year?
5. What does Marine think of sports and sportsmen?
6. Why does Bastien admire the cyclists who take part in *Le Tour*?
7. Which problems does Marine mention?
8. What does Marine often watch?
9. What sport does she love?
10. Which sports does Bastien like?

10 On pratique

Exercice 1. Complétez les mots-croisés avec les mots du sport. Utilisez les indices pour trouver les mots français.

Horizontal
2. stopwatch
5. whistle
7. Olympic Games
8. to run
10. silver

Vertical
1. pitch
3. medal
4. ball
6. to cheat
9. water

Exercice 2. Vous vous appelez Michaëla ou Michel et vous passez votre oral du bac. Vous avez choisi ces deux photos de vous en train de faire du sport. Décrivez les photos (un paragraphe pour chaque photo).

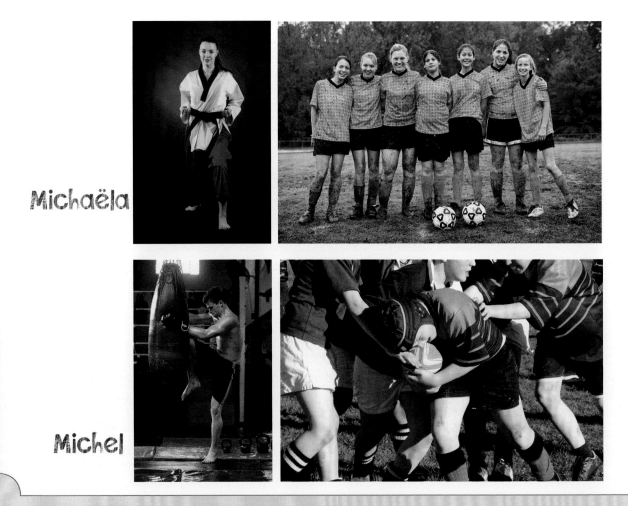

Michaëla

Michel

Exercice 3. (a) Lisez l'article et répondez aux questions.

Le dopage touche aussi les amateurs

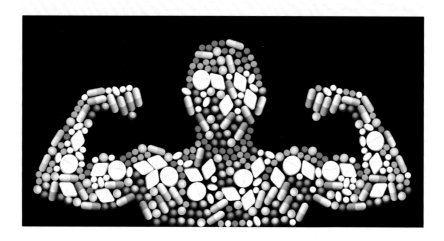

Le dopage est devenu un fléau dans le monde du sport. Des champions pincés comme l'athlète Ben Johnson ou le coureur cycliste Lance Armstrong nous laissent à penser que les grands exploits sportifs ne sont pas réels.

Plus vite, plus haut, plus fort… et plus drogués : alors qu'il touchait principalement les professionnels du sport, le dopage gangrène maintenant le sport amateur. C'est l'Agence française de lutte contre le dopage qui tire la sonnette d'alarme. Les résultats des tests antidopage pratiqués dans le sport amateur se révèlent trop souvent positifs. Malheureusement, et il est important de le signaler, certaines personnes se dopent involontairement. En France, plus de 3 000 médicaments sont susceptibles de rendre positif un contrôle antidopage, mais dans certains cas, les gens qui prennent ces médicaments ne le savent pas.

1. Quel mot est utilisé pour décrire le problème du dopage ?
2. Quel sport pratiquait Ben Johnson ?
3. Quel sport pratiquait Lance Armstrong ?
4. Quel secteur du sport est maintenant touché par le dopage ?
5. Quel organisme lutte contre le dopage en France ?
6. Quel problème certains sportifs amateurs rencontrent-ils avec certains médicaments ?

(b) <u>Soulignez</u> au moins cinq adverbes dans l'article et traduisez les adverbes en anglais.

Exercice 4. Complétez les phrases avec le bon adverbe.

1. Ils sont _____ arrivés. (*nearly*)
2. Les enfants sont _____ excités. (*very*)
3. Mes parents vont _____ en vacances. (*sometimes*)
4. _____, il fait nuit. (*now*)
5. Je suis _____ à l'heure. (*always*)
6. Elles sont _____ grandes. (*quite*)
7. Pauline a _____ compris la situation. (*quickly*)
8. _____ , tu as pris ton parapluie. (*fortunately*)
9. Il a fait _____ chaud cet été. (*too*)
10. _____, nous partons à 16 heures. (*usually*)

8

L'ANNÉE DE TRANSITION

In this chapter you will:

- Identify some French cartoon characters.
- Describe some activities that you did during Transition Year.
- Understand a young person describing what they did during Transition Year.
- Understand and use modal verbs.
- Talk about your favourite trip during Transition Year.
- Discuss the importance of trips during Transition Year.
- Write a description of your work experience.
- Listen to young people talking about their Transition Year.
- Present a summary of your Transition Year.

La grammaire :	La culture :
Modal Verbs: *pouvoir, vouloir, devoir*	Les personnages de bandes dessinées et les dessins animés La chanson « La même »

(a) Que savez-vous sur la France ? Par petits groupes, répondez aux questions du quiz ! Écrivez vos réponses sur une feuille. Vous pouvez utiliser internet pour vous aider.

1. Il y a combien de régions en France ?
- (a) 8
- (b) 28
- (c) 18

2. Quelle est la deuxième ville de France (selon la population) ?
- (a) Lyon
- (b) Marseille
- (c) Bordeaux

3. Comment s'appellent les fleuves qui traversent Lyon ?
- (a) Le Rhône et la Seine
- (b) La Seine et la Saône
- (c) Le Rhône et la Saône

4. Comment s'appellent les montagnes entre la France et l'Italie ?
- (a) Les Pyrénées
- (b) Les Alpes
- (c) Le Himalayas

5. Comment s'appelle l'examen de terminale en France ?
- (a) Le bac
- (b) Le fac
- (c) Le bap

6. Comment s'appellent les vacances scolaires de fin octobre ?
- (a) Les vacances de Pâques
- (b) Les grandes vacances
- (c) Les vacances de la Toussaint

7. Le Président de la France habite où ?
- (a) Le Palais de Versailles
- (b) Le Palais de L'Elysées
- (c) Le Grand Palais

8. Où se trouve le Parc Naturel du Luberon ?
- (a) En Provence
- (b) En Bretagne
- (c) En Normandie

9. Comment s'appelle la mer entre la France et l'Angleterre ?
- (a) L'Atlantique
- (b) la Mer du Nord
- (c) La Manche

10. Les élèves en France commencent l'école maternelle à quel âge ?
- (a) Sept ans
- (b) Trois ans
- (c) Cinq ans

(b) Échangez les feuilles de réponses avec un autre groupe. Corrigez les réponses avec le Powerpoint.

(Cliquez 📖 ou allez sur le site **mentorbooks.ie/resources** et choisissez l'option TY French/ Chapitre 8/Quiz answers.)

2 Les voyages scolaires

(a) Reliez les images (1-10) avec les descriptions (a) – (j).

Les images :

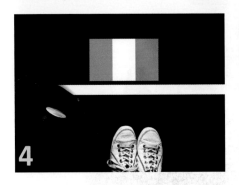

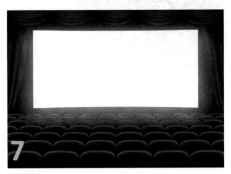

Les descriptions :

a. Une randonnée
b. Une visite guidée d'un musée
c. Une sortie au cinéma
d. Un salon des sciences
e. Un défilé de vêtements recyclés
f. Un séjour sportif
g. Un séjour au Gaeltacht
h. Un voyage à l'étranger
i. Un salon de l'agriculture
j. Une sortie à la patinoire

1	2	3	4	5	6	7	8	9	10

(b) (Entourez) tous les voyages et toutes les sorties scolaires que vous avez fait pendant votre année de transition.

(c) Dessinez un calendrier dans votre cahier. Pour chaque mois, décrivez un voyage scolaire ou une activité que vous avez faits.

Exemple : Je suis allé(e) au salon de l'agriculture avec ma classe.

Août	Septembre
Octobre	Novembre
Décembre	Janvier
Février	Mars
Avril	Mai

(d) **On s'entraîne pour le bac.** Lisez l'article ci-dessous et répondez aux questions.

Quel est l'intérêt des voyages scolaires ?

Section 1

Adieu dictées, leçons de grammaire et autres séances de calcul mental : l'objectif d'un voyage scolaire n'est certes pas l'acquisition de connaissances fondamentales. Mais il n'en reste pas moins pédagogique. « Les classes de découverte offrent, grandeur nature, les mêmes avantages que les anciennes leçons de choses : elles permettent la confrontation d'un savoir théorique, dispensé dans les murs de la classe, à une réalité souvent plus complexe et multiforme », analyse Béatrice Pavy, députée de la Sarthe et auteur en 2004 d'un rapport sur les voyages scolaires. Les VSE (voyages scolaires éducatifs) sont l'occasion de travailler autrement et de raviver la curiosité et le goût de l'apprentissage chez les enfants. Dans le secondaire, ils permettent aux élèves de pratiquer une langue vivante en situation, à l'étranger.

Section 2

Ces sorties sont également l'occasion de découvrir un environnement nouveau. L'an dernier, les collégiens de Villiers-le-Bel (Val-d'Oise), par exemple, sont partis en randonnée trois jours, à la découverte de l'écosystème de la baie de Somme. Un premier pas dans l'éducation au respect de la nature. Et quoi de mieux qu'une classe patrimoine au Mont-Saint-Michel pour s'approprier un riche héritage historique ? L'autre intérêt de ces expériences est bien entendu personnel : apprendre l'autonomie (faire son lit, s'habiller tout seul, entretenir les espaces communs…) et les règles élémentaires de vie en collectivité. Pour les enfants issus de milieux modestes, ce peut être l'occasion de sortir pour la première fois du cadre familial et de construire des souvenirs inoubliables.

Section 3

« En donnant accès à un monde de culture, à des milieux géographiques nouveaux ou à la pratique d'activités inédites, les voyages scolaires participent à la réduction d'inégalités sociales patentes », résume Béatrice Pavy. En outre, confronté à des activités nouvelles, l'enfant peut révéler des talents méconnus jusque-là : fini la traditionnelle distinction entre bons et mauvais élèves ! « Des enfants en très grande difficulté scolaire sont parfois de véritables meneurs alors que des têtes de classe peuvent avoir des problèmes d'intégration », raconte Isabelle Duchereau, professeur de français. Certains soulignent aussi l'intérêt économique de ces voyages qui représentent un investissement non négligeable. Les élèves partis en classe de ski seront les skieurs de demain, ceux des classes culturelles seront peut-être davantage attirés par les musées plus tard. Enfin, les VSE peuvent permettre d'assurer une meilleure répartition des flux touristiques sur l'année !

www.letudiant.fr

Anne Mascret

1. Quel est l'objectif d'un voyage scolaire éducatif ? (Section 1)
2. Trouvez un exemple d'une sortie faite par des élèves français. (Section 2)
3. Partir en voyage scolaire représente des avantages au niveau personnel. Nommez **deux avantages**. (Section 2)
4. Trouvez l'expression qui veut dire qu'un voyage scolaire est l'occasion de créer des expériences positives en dehors de la famille. (Section 2)
5. Selon la section 3, quel est l'avantage des voyages scolaire pour (a) la société et (b) l'individu ?
6. Trouvez l'expression qui veut dire que les meilleurs élèves en classe peuvent avoir des difficultés en voyage scolaire. (Section 3)
7. Dans le texte, trouver :
    (a) Un verbe à l'infinitif
    (b) Un adjectif masculin pluriel
    (c) Un verbe au futur simple
8. School trips give students the opportunity to learn outside of the classroom. Do you agree? Support your answer with reference to the text

(e) Êtes-vous déjà partis à l'étranger avec l'école, en voyage scolaire ou avez-vous fait l'expérience d'un échange ? Écrivez une description de votre expérience et de ce que vous avez appris pendant le voyage/ l'échange. Si vous n'êtes pas partis à l'étranger avec l'école, est-ce que vous pensez que les voyages à l'étranger sont importants pour pratiquer une langue vivante ? Donnez votre opinion.

Écoutez deux étudiants qui donnent leur opinion et prenez des notes dans votre cahier, puis, donnez votre opinion.

3 Le stage

51 (a) Reliez l'image avec la bonne personne (1-5). Vous pouvez écouter les phrases.

1. J'ai fait mon stage dans une crèche avec des enfants de deux à cinq ans.
2. J'ai fait mon stage dans la boulangerie de ma tante. J'ai travaillé à la caisse et en cuisine.
3. J'ai fait mon stage dans une usine. J'ai travaillé avec une équipe et j'ai appris plein de choses intéressantes.
4. J'ai travaillé dans une boutique de mode. J'ai aidé les clients et j'ai travaillé à la caisse.
5. J'ai travaillé dans un bureau. J'ai répondu au téléphone et j'ai fait du classement.

A	B	C	D	E

(b) Lisez la liste des tâches ci-dessous et vérifiez que vous avez bien compris.
* Répondre au téléphone
* Envoyer des e-mails
* Travailler avec des enfants
* Faire du classement
* Aider les clients
* Travailler en équipe
* Faire des photocopies
* Assister aux réunions
* Faire la cuisine
* Travailler à la caisse

(c) Dans le cahier, dessinez un tableau avec les établissements suivants. Attribuez les tâches à chaque établissement. Vous pouvez utiliser une tâche plusieurs fois.

Dans une boutique	Dans une boulangerie	Dans une usine	Au bureau	Dans une crèche

(d) Lisez les trois descriptions d'un stage. Vous pouvez écouter le texte.

1. Julien

J'ai fait mon stage dans une entreprise. J'ai travaillé avec ma tante dans son bureau.
C'était génial ! J'étais obligé de porter un costume tous les jours. Ça m'a plu, mais
j'ai été obligé d'acheter un nouveau costume avant de commencer mon stage. Je
suis arrivé au bureau à 9h et la patronne, ma tante, m'a présenté à ses collègues.
J'avais mon propre bureau avec un ordinateur et un téléphone. J'ai envoyé des
e-mails et mis à jour les réseaux sociaux. Il fallait vérifier tout ce que j'ai mis sur
internet avec ma tante. On a pris la pause déjeuner entre 13h et 14h. On a mangé
à la cantine. C'était beaucoup mieux que la cantine à l'école ! J'ai mangé un repas
chaud tous les jours. Ma journée au bureau s'est terminée à 17h et j'ai pris le bus
pour rentrer chez moi. J'ai bien aimé travailler au bureau. J'ai appris plein de choses.
Maintenant, <u>je peux taper</u> des e-mails et je peux faire des photocopies.

2. Marion

J'ai fait mon stage dans une usine près de chez moi. Je veux
devenir ingénieure, alors, c'était intéressant pour moi. L'usine où
j'ai fait mon stage, fabrique des moteurs pour les voitures. C'est
une grande usine avec plus de six-cents employés. J'ai travaillé en
équipe avec des ingénieurs et des mécaniciens. J'ai appris comment
créer un moteur et les étapes nécessaires pour vérifier la qualité
du produit. Les journées étaient fatigantes, mais je ne me suis
jamais ennuyée. J'ai assisté aux réunions et j'ai fait le tour de l'usine
avec un ingénieur. J'ai travaillé aussi au bureau et j'ai répondu au
téléphone. Maintenant je dois choisir une université parce que je
veux toujours être ingénieure.

3. Clara

J'ai fait mon stage dans une boutique de mode. Le commerce et la
mode m'intéressent beaucoup. J'avais de la chance de travailler dans
une boutique au centre-ville. Je me suis levée tôt pour prendre le
bus et je suis arrivée à la boutique à 8h45 chaque matin. J'ai aidé le
patron à ranger les vêtements et j'ai balayé le sol. Pendant la journée
j'ai aidé les clients à trouver la bonne taille et j'ai travaillé à la caisse.
J'aime travailler avec les clients. Maintenant, je peux utiliser la caisse
et je peux parler aux clients. La journée dans la boutique était
longue, j'ai travaillé de 9h à 18h. En fin de compte, je crois que je
veux étudier le commerce et je veux travailler dans un bureau.

(e) Quel stage préférez-vous ? Pourquoi ?

(f) Écrivez une description de votre stage. Répondez aux questions suivantes pour vous aider :
1. Où est-ce que vous avez fait votre stage ?
2. Qu'est-ce que vous avez fait pendant votre stage ?
3. Quels étaient les horaires de votre journée de travail ?
4. Avec qui avez-vous travaillé ?
5. Le stage vous a plu ? Pourquoi / Pourquoi pas ?

4 Un peu de grammaire

Les verbes modaux

Modal verbs *(les verbes modaux)* are always followed by the infinitive:
Exemples : pouvoir, devoir, vouloir
Je **peux** répondre au téléphone.
Je **dois** faire mes devoirs.
Je **veux** aller à New York.

	Présent	Passé composé	Futur simple	Conditonnel
Pouvoir *(to be able)*	Je peux	J'ai pu	Je pourrai	Je pourrais
Devoir *(to have to)*	Je dois	J'ai dû	Je devrai	Je devrais
Vouloir *(to wish/want)*	Je veux	J'ai voulu	Je voudrai	Je voudrais

(a) Relisez les descriptions de l'activié **3(d)** et soulignez tous les verbes « je peux » et « je veux » ainsi que le verbe qui suit. Le premier est déjà fait.

(b) Complétez le tableau avec la conjugaison des verbes modaux au présent.

	pouvoir	devoir	vouloir
Je			veux
Tu	peux		
Il/elle/on		doit	
Nous	pouvons		
Vous		devez	
Ils/elles			veulent

(c) Dans le cahier, dessinez un tableau pour conjuguer *pouvoir, devoir, vouloir* (les verbes modaux) :
- au passé composé
- au futur simple
- au conditionnel

(d) Soulignez les verbes modaux dans chaque phrase :
1. On veut manger à la cantine
2. Ce soir, je dois ranger ma chambre
3. Hier, il a voulu prendre la voiture
4. Nous pouvons parler en français
5. Je voudrais devenir coiffeuse
6. Ils doivent apprendre l'anglais et le français

147

(e) Complétez la phrase avec un verbe à l'infinitif. Plusieurs solutions sont possibles.

1. Je veux _____ en vacances cet été.
2. Elle doit _____ le bus pour venir à l'école.
3. Je voudrais _____ avec mes amis samedi soir.
4. Nous pouvons _____ un film sur mon portable.
5. Vous devez _____ le projet ce week-end.
6. Ils veulent _____ le match dans la salle de sport.

(f) Complétez les phrases :

1. À la fin de l'année de transition, je peux _____
2. L'année prochaine, je voudrais _____
3. Ce week-end, je dois _____

(g) Partagez vos phrases avec un partenaire.

5 Le document

(a) Écoutez Célia qui présente son collage de photos à l'oral de français et notez les bon numéro 1, 2 ou 3 à côté de la photo selon l'ordre de présentation. Vous pouvez lire le texte aussi.

Photo _____   Photo _____   Photo _____

L'oral de français de Célia

Avez-vous apporté un document ?
Oui Madame, j'ai apporté un collage de photos : trois photos, toutes prises cette année.

Parlez-moi de cette année de transition.
Alors, comme vous pouvez le voir sur la photo numéro un, nous avons tous adoré cette année. En plus, nous avions une super classe. Nous nous sommes tous bien entendus. Nous ne nous connaissions pas tous au début de l'année mais ça n'a pas été un problème. Les amis que je me suis faits cette année sont très importants pour moi maintenant. Nous avons même organisé quatre jours de vacances au camping à la fin de l'année scolaire, fin mai parce que nous sommes tous vraiment tristes que l'année se termine. C'est passé tellement vite ! Mais cette photo est un bon souvenir, nous avons tous le sourire. C'était chouette !

Très bien Célia. Et parlez-moi des voyages scolaires que vous avez faits cette année.
Environ tous les quinze jours, nos professeurs organisaient un voyage quelque part. Par exemple, nous avons été prendre le petit-déjeuner dans un restaurant français avec les profs de français, suivi d'un film français au cinéma du centre-ville. Nous avons aussi été visiter la grande bibliothèque qui vient d'être construite à côté de l'école. Mais un de mes voyages préférés c'est une grande randonnée que nous avons fait dans le

Comté du Wicklow, près de Glendalough. C'est la photo numéro deux. Il faisait beau mais il y a eu une ou deux averses le matin ! C'était magnifique quand même. Moi, j'adore la marche et la nature. Je préfère être dehors plutôt qu'en classe. Ça c'est certain !

Combien de temps a duré cette randonnée ?
Nous sommes partis à neuf heures moins le quart du lycée et nous sommes arrivés à Glendalough vers dix heures et demie. Nous avons marché pendant deux heures et nous nous sommes arrêtés près d'une cascade pour pique-niquer. Le ciel était bleu et le soleil brillait. C'était une belle journée. Nous avons marché pendant environ une heure et quart et nous avons repris le bus pour rentrer. La vue du haut des montagnes est impressionnante. J'ai adoré ce voyage.

Et la troisième photo a été prise où ?
Sur la troisième photo, on me voit en train de faire du kayak. Nous avons fait trois jours d'initiation au canoë-kayak. Nous avons beaucoup de chance parce que notre école n'est pas loin d'un grand lac. Nous étions deux par kayak. Ma copine Rosie était derrière moi. Ce n'est pas facile le kayak. Il faut avoir de la force dans les bras pour ramer. Mais nous avons bien rigolé ce jour-là.

Quel voyage avez-vous préféré en fin de compte ?
C'est une question difficile parce que j'ai tellement adoré cette année. Si je devais choisir un voyage, je choisirai la randonnée en forêt car j'adore la nature et la marche est mon activité sportive préférée. En plus, pique-niquer en pleine nature quand il fait beau avec une bande de copains, que demander de plus ! C'est très agréable.

(b) Choisissez trois photos de vos voyages scolaires et présentez-les comme dans l'exemple de Célia.

(c) Partagez votre présentation avec un / une camarade de classe qui va vous poser quelques questions sur vos photos.

(d) Préparez un petit oral entre vous et votre camarade et pratiquez l'oral plusieurs fois.

(e) Enregistrez l'oral sur votre portable. Écoutez-le et remplissez la fiche ci-dessous.

Mon oral de français - Les voyages scolaires

Deux aspects positifs de mon enregistrement (*recording*) :
1. _____
2. _____

Un aspect à travailler :
_____
_____
_____
_____

6 Les personnages de bandes dessinées

Stop Think

What cartoon characters are popular in Ireland?
What do you think is the difference between the words 'bande dessinée' and 'dessin animé'?

(a) Les personnages de bande dessinées sont très populaires en France. Vous connaissez les personnages ci-dessous ? À l'aide des descriptions, associez le personnage à la bonne photo.

1. Lucky Luke (un cow-boy qui porte une chemise jaune)
2. Gaston Lagaffe (un grand mince avec un pull vert trop petit)
3. Popeye (un marin costaud avec une pipe dans la bouche)
4. Garfield (un gros chat orange)
5. Tintin (un homme assez petit aux cheveux roux)

1	2	3	4	5

(b) Allez sur YouTube et tapez **« Astérix et Cléopâtre [Français] »** (celui de 10.05 min). Regardez l'extrait du dessin animé et reliez les personnages à leur description.

1. Astérix	(a) C'est le druide du village.
2. Obélix	(b) C'est l'empereur romain.
3. Jules César	(c) C'est la reine d'Egypte.
4. Panoramix	(d) Il est petit et très fort.
5. Numérobis	(e) Il est grand et costaud.
6. Cléopâtre	(f) C'est le petit chien d'Obélix.
7. Idéfix	(g) C'est l'architecte qui doit construire un palais pour Cléopâtre.

1	2	3	4	5	6	7
					c	

(c)   Partagez vos réponses avec un partenaire.

(d)   Vérifiez vos réponses en regardant l'adaptation cinématographique du dessin animé « Astérix & Obélix Mission Cléopâtre - Bienvenue En Gaulle (Scène Culte) » sur YouTube.

(e)   Écoutez quatre élèves en année de transition qui répondent à la question et remplissez le tableau en français. Vous pouvez lire le premier texte aussi.

> **Vous préférez le dessin animé ou le film Astérix et Obélix - Mission Cléopâtre ?**

Salut ! Moi c'est Marine. En classe, on a regardé Astérix le dessin animé et aussi le film. Astérix et Obélix sont deux personnages très populaires en France. Moi, personnellement je préfère le film car il réunit pleins de bons acteurs comme Jamel Debbouze, Monica Belluci, Gérard Depardieu et Christian Clavier. Ce sont tous des acteurs de talent donc forcément le film est super. En plus, le réalisateur du film, Alain Chabat, a de l'expérience comme réalisateur et surtout comme acteur donc le film ne peut être que super.

	Qu'est-ce qu'ils préfèrent ?	Les raisons
1. Marine	Le film	
2. Matis		
3. Brice		
4. Mila		

(f)   Inspirez-vous des arguments des quatre élèves ci-dessus pour écrire votre réponse à la question.
Expliquez votre réponse avec au moins deux arguments.

> **Vous préférez le dessin animé ou le film Astérix et Obélix - Mission Cléopâtre ?**

Expressions utiles :

Je trouve, j'ai trouvé : I find, I found

Moi, ce que je préfère, c'est ... car : Me, what I prefer is ... because ...

Ce que je préfère ... parce que : What I prefer is ... because ...

À mon avis : In my opinion

en plus : in addition

aussi : also, as well

surtout : especially

(g) Regardez la fiche ci-dessous et assurez-vous de bien comprendre tous les mots.

Nom : Obélix

Description physique : grand et costaud

Famille: son petit chien Idéfix.

Ami: son meilleur ami s'appelle Astérix

Caractère : gentil et drôle

Anecdote : Il est tombé dans la potion magique quand il était petit donc il est très fort.

Son style : Il aime porter un pantalon rayé bleu et blanc et une ceinture jaune et verte.

Passe-temps : Il adore manger et se battre contre les Romains.

(h) Pensez à un personnage de dessin animé populaire dans votre pays et créez un poster de présentation de ce personnage.

(i) Organisez une petite exposition avec tous les personnages.
Choisissez votre poster préféré et expliquez votre choix avec deux raisons.

7 Une chanson

(a) Regardez les deux photos et avec un partenaire, décrivez les deux photos.

1._____ 2._____

(b) Lisez les phrases suivantes. Quelle photo décrivent-elles, la 1, la 2 ou les 2 ?

1. Il est très costaud. _____
2. Il porte beaucoup de chemises. _____
3. Il porte généralement des lunettes noires. _____
4. Il adore la musique. _____
5. Son genre de musique, c'est le rap. _____
6. Son style est plutôt BCBG. _____
7. Il est jeune. _____
8. Il porte une montre et une médaille. _____
9. Son style est cool, t-shirt et jean. _____

(c) Écoutez les présentations des deux artistes et écrivez le nom correct sous la bonne photo.

(d) Allez sur YouTube et tapez « C'est la même – Maître Gims ». Regardez le clip sans le son et choisissez le thème parmi les trois suivants qui décrit le mieux la chanson.

A. Il faut faire du sport pour rester en forme.

B. Être différent, c'est bien. Il faut toujours rester soi-même.

C. Les amis sont très importants dans la vie.

(e) Pour voir la fiche d'activité sur les paroles, cliquez 🖊 ou allez sur le site de **mentorbooks.ie/resources** et choisissez l'option TY French/Chapitre 8/Une chanson.

Eh, eh, aye aye aye

Aye, aye, aye

Si je vous gêne, bah c'est la même

Eh, eh, aye aye aye

Aye, aye, aye

Si je vous gêne, bah c'est la même

(f) Regardez ces six autres clips (trois de Vianney et trois de Maître Gim) :

1. Dans la barre Google, tapez *Vianney Dumbo* et regardez le clip vidéo.
2. Dans la barre Google, tapez *Vianney Pas* là et regardez le clip vidéo .
3. Dans la barre Google, tapez *Vianney Je m'en* vais et regardez le clip vidéo.
4. Dans la barre Google, tapez *Maitre Gims Bella* et regardez le clip vidéo.
5. Dans la barre Google, tapez *Maitre Gims Est-ce que tu m'aimes ?* et regardez le clip vidéo.
6. Dans la barre Google, tapez *Maitre Gims Sapés comme jamais* et regardez le clip vidéo.

(g) Évaluez les clips. Vous aimez ? Vous n'aimez pas ? Pour remplir le tableau, utilisez les expressions du Coup de pouce, comme dans l'exemple

	Vianney	**Maître Gims**
Titre de la chanson	1. Dumbo	4. Bella
Le rythme / la mélodie	Ex : *J'aime bien le rythme lent, c'est reposant.*	
Les mots / le vocabulaire	Ex : *Je comprends beaucoup de mots.*	
Le clip	Ex : *Je n'aime pas le clip, c'est bizarre. Je ne comprends pas l'histoire !*	

	Vianney	Maitre Gims
Titre de la chanson	2. Pas là	5. Est-ce que tu m'aimes ?
Le rythme / la mélodie		
Les mots / le vocabulaire		
Le clip		

Titre de la chanson	3. Je m'en vais	6. Sapés comme jamais
Le rythme / la mélodie		
Les mots / le vocabulaire		
Le clip		

Coup de pouce

Expressions utiles :

J'aime / j'adore : I like / I love

Je n'aime pas : I don't like

C'est trop lent / rapide : It's too slow / quick

C'est pas mal : It's not too bad

Je comprends / je ne comprends pas : I understand / I don't understand

Il est bien fait : It's well done

C'est ennuyeux : It's boring

Ça n'a pas de sens : It does not make sense

(h) Quel artiste préférez-vous ? Pourquoi ? Faites référence au style de musique / au style du chanteur / au clip, etc.

8 Un débat

Dans l'article « Quel est l'intérêt des voyages scolaires ? » Anne Mascret a écrit :

«Les VSE (voyages scolaires éducatifs) sont l'occasion de travailler autrement et de raviver la curiosité et le goût de l'apprentissage chez les enfants. Dans le secondaire, ils permettent aux élèves de pratiquer une langue vivante en situation, à l'étranger. » êtes-vous d'accord ?

Divisez la classe en deux – un groupe est d'accord, l'autre groupe n'est pas d'accord.

Le débat – comment ça se déroule

1. Divisez la classe en deux groupes.

2. Les deux groupes ont un point de vue différent : **oui** ou **non** pour la thèse.

3. Trouvez au moins trois arguments pour défendre votre point de vue.

4. Essayez de trouver des points originaux et/ou amusants.

5. N'ayez pas peur de donner des exemples personnels.

6. Commencez avec « Mesdames et Messieurs, je vais vous parler de … Je suis pour/contre la thèse »

7. Introduisez les trois arguments avec « D'abord … / ensuite … / finalement … »

8. Utilisez les phrases pour les débats page 160.

9 La compréhension orale

Écoutez les trois dialogues et répondez aux questions en anglais.

(a) Deux élèves, Lorie et Carla parlent de leur année de transition. Elles font le bilan et parlent de ce qu'elles ont préféré.

1. Why is Lorie feeling a bit sad?
2. What does Carla like most about Transition Year?
3. Why was Lorie stressed before Christmas?
4. What was the most difficult project according to Carla?
5. What was difficult according to Laurie?
6. What did Carla find interesting in French class?
7. What was Carla's favourite trip?
8. What was very pleasant about that trip?
9. What was Lorie's favourite trip?
10. Who did not want to do Transition Year?

(b) Gabin et Noé parlent de leur année de transition.

1. What is Noé doing?
2. Why was Noé not in school yesterday?
3. Which class will Noé miss and why?
4. What is the weather forecast?
5. What does Gabin hate?
6. What activity did Noé prefer in Transition Year?
7. Where did Gabin do his work experience?
8. Why is Gabin very happy?
9. How does Noé describe the toy shop?
10. Where will Noé wait for Gabin at the end of the day?

(c) Logan et Lina choisissent leurs options pour l'année prochaine.

1. When does Lina want to submit her form?
2. Which five school subjects does Logan mention?
3. What two jobs is Logan interested in?
4. Which job does Lina want to do?
5. Where did she do her work experience?
6. Name one task she had to do during her work experience.
7. What word does she use to describe her work experience?
8. Where is the primary school she worked in located?
9. Who is Madame Lucas?
10. Where does Logan suggest they go?

10 On pratique

Exercice 1. Complétez les mots-croisés avec les mots du chapitre.

Horizontal
7. school trips
8. work experience
9. comic strip

Vertical
1. characters
2. I would like
3. a song
4. animated movie
5. I want
6. I can
7. verbs

Exercice 2. Organisez les mots dans le bon ordre pour créer une phrase.
1. mon stage – dans un restaurant – j'ai fait
2. une équipe – j'ai travaillé – dans – au bureau
3. m'a – mon stage – plu – intéressant – parce que – c'était
4. les jours – commencé – j'ai – 9h30 – tous – à
5. les clients – travailler – j'adore – avec
6. faire – n'aime – les photocopies – je – pas

Exercice 3. Complétez les phrases avec le verbe modal conjugué.
1. Il _____ faire le ménage samedi matin. **(devoir)**
2. Nous _____ nous retrouver après l'école. **(pouvoir)**
3. L'année prochaine je _____ étudier la biologie. **(vouloir)**
4. Je _____ écrire une lettre en français. **(pouvoir)**
5. Elle _____ préparer un gâteau. **(vouloir)**
6. Tu _____ manger à la cantine. **(devoir)**

Exercice 4. Lisez le texte et répondez aux questions en français.

L'aventurier Guirec Soudée et sa poule Monique boucleront leur périple à Paimpol

Section 1

Après un périple de plusieurs années, l'aventurier Guirec Soudée et sa fidèle poule Monique accosteront au port de Paimpol, en Bretagne, le 15 décembre 2018.

L'aventurier Guirec Soudée, sera de retour dans sa Bretagne natale, au port de Paimpol, dans les Côtes d'Armor, le samedi 15 décembre 2018.

Un retour au pays après plusieurs années à sillonner les mers du monde du pôle Nord au pôle Sud sur Son voilier Yvinec.

Evidemment, Monique, sa fidèle poule rousse revient avec lui. Elle l'a accompagné durant tout son périple.

Section 2
Rencontre avec Monique

Guirec Soudée a quitté Tréguier, à 21 ans, en novembre 2013. Sans grande expérience nautique mais avec l'envie de découvrir le monde.

Les vents l'ont porté jusqu'aux Antilles où il a fait la connaissance de la poule Monique qui ne le quittera plus.

À 22 ans, Guirec traverse l'Atlantique en solitaire, sans moyen de communication, en toute autonomie.

À 23 ans, il hiverne 130 jours sans assistance, en toute autonomie dans les glaces du Groenland.

Monique et Guirec ont su traverser les épreuves sans y laisser trop de plumes.

Section 3
Passage du cap Horn

À 24 ans, il devient le plus jeune navigateur du monde – et Monique la seule poule – à traverser le Périlleux passage du Nord-Ouest en solitaire.

À 25 ans, il traverse le Pacifique du Nord au Sud pour rejoindre l'Antarctique.

À 26 ans, il passe le mythique cap Horn.

Tout au long de son aventure, il a communiqué sur le réseau social Facebook, sa communauté compte 140 000 personnes.

À Paimpol, Guirec (et Monique) livreront le témoignage de leur voyage à travers les immensités glacées, les coins les plus inhospitaliers et les plus reculés de la planète.

Les questions :

1. Qui a accompagné Guirec Soudée pendant son voyage ? (Section 1)
2. Comment s'appelle le bateau de Guirec Soudée ? (Section 1)
3. Quel âge avait Guirec Soudée quand il a commencé son voyage ? (Section 2)
4. Il a passé quelle saison au Groenland ? (Section 2)
5. Dans la section 2, trouvez un verbe (i) au passé composé (ii) au futur simple.
6. Comment est-ce qu'il est resté en contact avec le monde pendant son voyage ? (Section 3)
7. Guirec Soudée had an historic and unusual adventure. Do you agree? Support your answer with reference to the text (include two points to support your answer).

Exercice 5. Vous venez de rentrer d'un voyage scolaire à l'étranger. Écrivez un e-mail à votre correspondant français en expliquant ce que vous avez fait pendant votre voyage scolaire.

Un jeu

Allez !

1

2 Décrivez l'image.

3

13. Complétez la phrase avec le verbe au futur proche : « Nous _____ au cinéma ensemble ».

12

11

13

14 Décrivez l'image.

15

16

17

15. Complétez la chaîne de télévision française : TV_____ Monde.

16. Donnez le nom de deux grands couturiers français.

4. Écrivez la réponse avec des mots : 40 + 20 = _____

6. Écrivez ce numéro avec des mots : 1920.

5
Décrivez l'image.

4

6

Décrivez l'image.

7

8
Décrivez l'image.

10

9

...z
...

10. Complétez la phrase : « Je joue _____ piano ».

18

19

20

3. Écrivez la ...ponse avec ...s mots : 50 ...35 = _____

20. Complétez le verbe au futur proche : « je _____ faire mes devoirs ».

Les phrases pour le débat

59 **Commencez avec :** « Mesdames et Messieurs, je vais vous parler de _____. Je suis pour/contre la thèse_____. »

' Ladies and gentlemen, I am going to talk to you about _____. I am for/against the motion _____.'

Introduire les points :
- D'abord — *Firstly*
- Ensuite — *Next*
- Finalement — *Finally*
- À mon avis — *In my opinion*
- C'est clair que . . . — *It is clear that . . .*
- D'un côté _____, d'un autre côté — *On the one hand_____, on the other hand*

Pour :
- Je suis tout à fait d'accord — *I totally agree*
- Vous avez raison — *You are correct*
- Évidemment — *Clearly*
- Absolument — *Absolutely*

Contre :
- Je ne suis pas du tout d'accord avec la thèse — *I don't agree at all with the motion*
- C'est ridicule — *It is ridiculous*
- C'est n'importe quoi — *It is rubbish*
- Ce n'est pas si simple — *It's not that simple*

Autres phrases utiles :
- Soyons réalistes — *Let's be realistic*
- Selon les sondages — *According to the surveys*
- C'est évident que _____ — *It's clear that _____*
- En fin de compte — *At the end of the day*
- C'est-à-dire — *In other words*
- Dans l'ensemble — *On the whole*
- On verra — *We will see*

Conclusion :
Merci de votre attention — *Thank you for your attention*